융합적 사고와
글쓰기

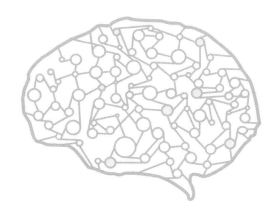

융합적 사고와
글쓰기

고명철 · 김문정 · 김영건 · 김영범 · 김학현
유승호 · 장석원 · 전형철 · 정우신 · 정재훈 공저

보고사
BOGOSA

차례

제1장 글쓰기의 기초

제2장 글쓰기의 실제 과정

글쓰기의 기초

글과 삶과 사고

글쓰기의 목적과 효용

삶의 현장에 따른 글쓰기의 종류

글과 삶과 사고

1. 글과 삶: 삶의 문자화된 기록

생활 양상이 변하고 시대가 빠르게 바뀌어도 인간은 기본적으로 언어를 통해 의사소통을 한다. 우리는 말과 글로 자신의 생각과 뜻을 남에게 전달하고 타인과 교류하며 그 사람의 생각과 지식, 인격을 이해해 왔다. 이는 자아와 타자의 관계 속에서 형성된 보편적인 의미의 의사소통을 말한다. 하지만 올바른 소통의 근본은 자아와의 소통에 있다. 우리의 소통 과정을 면밀히 들여다보면 끊임없이 자신과 소통하는 모습을 발견할 수 있다. 감각 기관을 거쳐 들어오는 지각적 정보를 개념화하는 과정은 끝없는 자기와의 소통이다. 사람의 사고(思考)는 형체가 없는 생각의 덩어리이므로 이를 자신의 언어로 표현하지 않고서는 그 내용을 나타낼 수가 없다. 이런 인간의 사고력, 생각하는 능력은 말할 수 있는 능력보다 더 근본적이고 본질적인 것이다. 하지만 우리는 표현의 밑바탕이 되는 사고의 중요성을 간과해 왔다. 자아와의 내적 소통, 곧 자기 표현의 바탕인 사유의 과정을 중히 여기지 않고, 내용보다는 형식의 측면에 치우쳐 타인과의 외적 소통만을 중요하게 생각해 왔다. 먼저, 인간의 의사소통은 반드시 사고와 성찰의 단계가 선행되어야만 효과적이고 효율적으로 이뤄지는 작업임을 늘 염두에 두어야 한다.

현대사회에서 자기 표현의 중요성이 부각되면서 말하기와 글쓰기를 효과적으로 수행할 수 있는 능력을 길러야 한다는 사회적 요구가 늘어나고 있다. 앞서 언급하였듯 자아와 내적 소통을 거친 결과가 음성과 문자로 구체화되어 외부로 나타나는 것이 말하기와 글쓰기이다. 많은 사람들이 외적 표현의 중요성을 인식하고 그 능력을 기르기 위해 노력하면서, 언어를 통해 생각을 만들고 지식을 구성하므로 언어와 사고는 분리된 것이 아니라 긴밀하게 융합되어 있다는 점을 간과한다. 또한 인간의 모든 언어 활동–듣기와 말하기, 읽기와 쓰기–은 서로 유기적으로 연관되어 상호 보완의 기능을 한다. 제대로 읽고 듣지 않는 자는 제대로 된 쓰기와 말하기를 하기 어려우며, 특히 생각이 따르지 않는 자기 표현은 효과적인 의사소통으로 이어지지 않는다. 가령, 다음 예문을 살펴보자.

예문 1

퇴계(退溪)는 말하기를 "가슴속에 가득 차 있는 풀리지 않는 의문이나 난해한 부분에 대해서 서로 만나 질문하고 싶은 마음이 반드시 있게 마련이다. 그러나 막상 만나고 나면 그것을 말로 다 표현할 수 없고, 또 며칠 지나고 나면 마음속에 있는 생각과 입으로 하는 말이 서로 다르게 나온다"라고 하였으며, 또 "얼굴을 마주하고 강론하는 것이 좋기는 하지만, 항상 마음속의 생각을 다 드러내지 못하고 만다. 그러니 의문이 드는 부분을 뽑아 기록해서 벗에게 보내, 전일한 마음으로 자세히 살펴볼 수 있게 하는 것만 못하다" 하고 하였으니, 그 뜻이 참으로 옳다.

　대개 말이란 하기는 쉬우나 흔적이 없다. 그러나 편지는 신중하게 생각해 이리저리 살펴보는 점이 있다. 따라서 그 도는 깊은 경지에 나아갈 수 있다. 아무리 친해도 만나는 때보다는 헤어져 있는 때가 더 많다. 그러니 나날이 의문스러운 것을 모아두었다 글로 써서 서로 편지를 주고받으며 다시 생각하고 고쳐 나간다면, 자주 만나지 못하는 걱정을 면할 수 있을 것이다. 그러므로 "헤어진 뒤에 끝없이 합치되는 생각이 있다"고 하는 것이다.

– 이익, 『성호사설(星湖僿說)』 부분

　조선 시대 이익의 글에 나타나듯, 말하기와 쓰기는 서로 별개의 영역이 아니라, 상호 보완 작용을 통해 의사소통의 폭을 넓히고 사고의 깊이를 깊게 한다. 특히 말보다는 글이 그 생각의 깊이를 더하는 데 큰 역할을 한다. 글은 우리의 엉켜진 생각을 정리해주는 신비한 힘이 있다. 또 이 생각을 저 생각으로 옮겨가게 하는 힘도 가지고 있다. 글은 말보다 생각을 체계적으로 할 수 있도록 만들며, 새로운 생각을 더하도록 한다. 글을 쓰면 정서는 차분하게 가다듬어지고, 사색과 사유는 폭과 깊이를 얻게 된다. 말은 순서를 바꾸거나 잘못하면 고치기가 어려우나, 글은 차분히 시간을 두고 거듭 고치고 다듬을 수 있어서 내용과 표현의 수준까지 가늠할 수 있다. 글은 인간의 감정에 일정한 질서를 주고, 서로가 신중하게 의사를 전달하도록 만든다. 더 나아가 문화 창조에 말보다 지속적이고 체계적으로 이바지한다. 이렇기 때문에 글쓰기가 논리적 사고와 창조적 사고를 키운다는 말이 가능한 것이다.

우리의 삶 속에서 글이 차지하는 위치는 우선 '삶의 문자화된 기록'이라고 말할 수 있다. 일상적 삶으로부터 사회적·역사적 행위에 이르기까지 인간의 삶은 문자화된 기록을 통해 그 존재를 증명해 왔다. 이처럼 기록된 글은 시간의 흐름에 따라 역사적 실체로 등장하면서, 개인의 역사로부터 하나의 문화권 전체의 역사에 이르기까지 인간 삶의 존재 방식과 의미를 보존해 왔다. 그리고 자신을 둘러싼 세계와 타자에 대해서 의미 있는 통찰을 시작한다. 문자로 기록하는 과정을 거침으로써 인간은 자신을 둘러싼 세계와 우주에 대한 사유의 과정에 도달하며, 비로소 자아와 세계의 관계에 대한 의미 있는 해석을 시도하게 된다.

우리의 삶에서 글이 지니는 의미는 존재의 기록만이 아니라 인간의 역사와 새로운 문화를 창조하는 주체로서 기능해 왔다. 다음은 재일조선인 작가 김석범의 장편소설 『1945년 여름』의 한 장면으로, 주인공 김태조의 행위는 예사롭지 않다. 김태조의 행위가 어떤 의미를 드러내는지 이해하기 위해서는 기록 자체가 지닌 정치사회적 속성을 생각해봐야 한다.

예문 1

　김태조는 재래식 변소에 앉아 있었다. (중략) 변소 속에 버려진 신문지라고는 해도 그 사진은 아직 보는 사람을 위협해오는 일종의 힘을 갖고 있었다. 그 사진은 배후에 예를 들면 천황폐하라고 하는 단 한마디 말로 사람을 직립부동의 자세를 취하게 하는 신비로운 힘을 갖추고 있었다. 그는 용변을 다 본 후에도 변소 속에서 잠시 그대로 꼼짝하지 않고 쭈그려 앉아 있었다. 그리고 숨을 죽이고 신문의 사진을 노려보았다.

그러나 생각해보면 단 한 장의 헌 신문에 지나지 않는 것을 왜 벌벌 떨며 보고 있는가? 어째서 이 변소 속의 헌 신문에 구속되는 것일까? 그는 문득 뭔가 마음속에서 꿈틀거리는 것을 느꼈다. 불령한 내부에서 웃음소리가 희미하게 자신을 엿보고 있는 것 같았다. 그와 동시에 어차피 헌 신문이니까 신경 쓸 것 없다고 '천황'에 대한 연약한 해명을 해보았다. 김태조는 다시 한 번 변소 문을 안에서 단단히 잠그고 마치 자위를 도모할 때처럼 밀실 상태 속에 자신을 놓아두었다. 그리고 마침내 '천황 황후'의 사진 부분을 찢은 헌 신문을 에잇 하고 자신의 엉덩이에 갖다 댔다. 그 순간 몸이 두둥실 가볍게 떠오르는 것 같았다. 이것은 격한 고동을 동반한 부상(浮上)이었다. 헌 신문의 사진은 이윽고 변소통 속으로 떨어졌다. 동시에 김태조는 뭔가 자신 속에서 자신을 넘어서는 것이 눈앞에서 뛰어오르는 듯한 느낌이 들었다. 변소에서 나온 후에도 그는 잠시 동안 두둥실 몸이 공중에 떠 있는 느낌에서 벗어날 수 없었다.

- 김석범, 김계자 역, 『1945년 여름』, 보고사, 2017. 부분

예문 2

나는 내 삶의 이른 시기에 하고 싶은 것을 발견한 행운을 가졌습니다. 우즈(스티브 우즈니액, 애플 공동창업자)와 나는 애플을 우리 부모님의 차고에서 시작했습니다. 그때 나는 스무살이었습니다. 우리는 열심히 일했습니다. 10년이 지난 후 애플은, 우리 둘만의 차고에서 20억 달러에다 4000명의 직원을 가진 회사로 성장했습니다. 우리는 우리의 가장 훌륭한 발명품인 맥킨토시 컴퓨터를 1년 빨리 시장에 출시했는데 그때 나는 막 서른 살이 될 때였습니다. 그리고 나는 해고를 당했습니다. 어

떻게 자신이 만든 회사에서 해고를 당할 수 있느냐구요? 글쎄, 애플이 커가면서 우리는 회사를 운영할 어떤 사람을 고용했고 첫 해는 그럭저럭 잘 되어 갔습니다. 그러나 그 후 우리들의 미래에 대한 관점에 차이가 나기 시작했습니다. 마침내 우리는 추락하기 시작했습니다. 우리 회사 이사회는 그를 지지했고, 서른 살이었던 나는 쫓겨났습니다. 성인으로서 내 삶의 초점이었던 모든 것들이 사라져버리고, 나는 참혹함에 빠졌습니다. 첫 몇달동안 나는 무엇을 할지 정말 몰랐습니다. 나는 앞서의 기업가 세대는 물러나게 된다는 어떤 느낌, 지휘봉을, 내게 전해진 것처럼 그렇게 내려놓았다는 느낌을 가졌습니다. 나는 데이비드 팩커드와 밥 노이스를 만났고 그들을 그렇게 못살게 군 데 대해 사과했습니다. 나는 아주 공식적인 실패자였습니다. 실리콘 밸리로부터 도망쳐 떠나버릴까도 생각했습니다.

그러나 어떤 것이 내게 떠오르기 시작했습니다. 나는 여전히 내가 하는 일을 사랑하고 있다는 것이었습니다. 애플에서의 일이 그것을 조금도 바꾸진 않았습니다. 나는 거부당했지만, 여전히 내 일을 사랑하고 있다는 것입니다. 나는 새롭게 출발하기로 결심했습니다. 그때는 전혀 몰랐지만, 애플에서 해고된 일은 내게 일어날 수 있었던 일 중 최고의 경우였습니다. 성공에 대한 부담은, 모든 것에 확신은 갖고 있지는 않았지만, 새롭게 다시 시작할 수 있다는 가벼움으로 대체되었습니다. 그것이 내가 내 삶에서 가장 창조적이었던 시기로 들어갈 수 있도록 자유롭게 해 주었습니다. 이후 5년 동안 나는 NeXT라는 회사, Pixar라는 이름의 다른 회사를 시작했고, 나중 내 처가 된 한 여성과 사랑에 빠졌습니다. 픽사는 세계 최초로 컴퓨터 애니메이션 영화인 토이스토리를 만들었고, 지금은 세계에서 가장 성공적 애니메이션 회사가 되었습니다. 사건의 놀라운 반전 속에서 애플은 넥스트를 사들였고 나는 애플로 복귀했습니다. 그리고 내가 넥스트에서 개발한 기술은 애플의 현재 르네상스의 핵심이 되었습니다. 또한 로린과 나는 함께 한 가족을 만들었습니다.

내가 애플에서 해고되지 않았더라면 이런 일중 어떤 것도 일어나지 않았을 것이라고 나는 확신합니다. 그것은 두려운 시험약이었지만, 환자는 그것을 필요로 하는 것이었습니다. 인생이란 때로 여러분들을 고통스럽게 하지만, 신념을 잃지 말기 바랍니다. 나를 이끌어간 유일한 것은, 내가 하는 일을 사랑했다는 것이었다고 나는 믿습니다. 여러분들은 여러분이 사랑하는 것을 찾아야 합니다. 당신이 사랑하는 사람을 찾는 것과 마찬가지로 일에서도 같습니다. 여러분이 하는 일은 여러분 인생의 많은 부분을 채울 것입니다. 여러분이 진정으로 만족하는 유일한 길은 여러분 스스로 훌륭하다고 믿는 일을 하는 것입니다. 그리고 훌륭한 일을 하는 유일한 길은 여러분이 하는 일을 사랑하는 것입니다. 만일 그것을 아직 찾지 못했다면, 계속 찾으십시오. 주저앉지 마십시오. 언젠가 그것을 발견할 때 여러분은 마음으로부터 그것을 알게 될 것입니다. 그리고 어떤 훌륭한 관계에서처럼, 그것은 해가 지나면서 점점 좋아질 것입니다. 그러므로 그것을 발견할 때까지 계속 찾으십시오. 주저앉지 마십시오.

– 스티브 잡스, 「2005년 스탠포드대학교 졸업 축하 연설문」, http://www.vop.co.kr/A00000437912.html, 부분

2. 말하기와 글쓰기: 현장성과 기록성

　말과 글은 인간 사유의 표현 수단으로써 언어활동에 사용되는 데 그 공통점이 있다. 그런데 글은 시간과 공간의 제약을 떠나서도 전달이 가능하다는 점에서 말이 지니는 현장성과 다른 특성을 지닌다. 글은 그 기록성으로 인해 언어활동의 현장을 벗어나서도 보존이 가능하다. 같은 언어를 소유한 문화권 내에서 글이 지닌 전달력과 보편성은 말이 지니는 그것에 비해 훨씬 파급효과가 크다. 물론 서로 다른 언어권 사이에서도 글은 번역의 과정을 거쳐 원어의 의미에 근접한 형태로서 재생이 가능하다. 글은 의미의 보존이나 역사적 축적이 가능한 언어 표현의 한 수단이라고 할 수 있다.

　이 같은 말과 글의 차이는 곧 '말하기'와 '글쓰기'의 차별적 특성과 연관된다. 즉 '말하기'가 인간의 실존, 그 현장에서 실행되고 완성되는 것이라면, '글쓰기'는 개인의 은밀한 사적 공간 속에서 실행되고 불특정 다수에 의해 읽혀진다. '말하기'가 상황적이며 비교적 공동체적으로 완성되는 언어 표현 방식이라면, '글쓰기'는 필자 개인의 독자적인 시·공간 속에서 이뤄진다는 데 그 특성이 있다. 따라서 '글쓰기'는 자신만의 고립된 시공간 속에서 은밀하게 진행되므로 이러한 노동 자체가 고통스러운 개인적 노력을 동반하게 된다. 글쓰기는 말하기에 비해 보다 개인적이며 독자적인 능력을 필요로 한다고 할 수 있다.

　일상생활에서 곧잘 말로 표현할 수 있는 내용들인데도 글로 옮기려는 순간 곤란에 처하게 되는 연유가 바로 여기에 있다. 즉 글을 쓸 때는 말과 달리 전혀 다른 시공간 속에서 불특정 다수의 독자들에게 그 의미가 충분히 전달될 수 있도록 해야 하는 문제가 발생하는 것이다. '말하기'가 이뤄지는 현장에서는 화자 자신이 충분히 드러내지 못한 의미에 대해 몸짓이나 표정을 통해서 보완해갈 수 있으며, 즉석에서 청중의 반응을 살피거나 이해되는 정도를 가늠하고, 그에 따라 언어 표현의 수준이나 발화(發話)의 방법 등을 수정하면서 말의 완성도를 높일 수가 있다.

'글쓰기'에서 필자와 독자는 상대에 대해서 우호적이거나 타협적일 수 있는 공동의 시공간적 현존(現存)을 필요로 하지 않는다. '말하기'와 달리 '글쓰기'에서 유발되는 난처함은 바로 이처럼 정황을 짐작할 수 없는 가상적인 독자의 존재로부터 비롯된다. 글을 쓸 때에는 비타협적이고 우호적이지 않은 독자의 입장에서도 설득력 있게 이해될 수 있도록 고도로 숙련된 언어 표현 능력이 요구된다. '글쓰기'는 '말하기'와 달리 고통스러우면서도 창조적인 사유의 과정을 동반하다고 할 수 있다.

예문

제목: 세계로 뛰는 한글

전 세계에서 사용되는 언어는 6000여 개에 이르고, 이 중 2500여 개가 사라질 위기에 놓였다고 한다. 지난 3세대에 걸쳐 200개 언어가 지구상에서 자취를 감췄고, 199개 언어는 소멸 위기에 처했다는 것이다. 지난 2월 유네스코 소멸위기 언어연구 프로젝트 '아틀라스'가 발표한 내용이다. 가장 최근에 사라진 언어는 알래스카의 '에야크(Eyak)'로 지난해 마지막 사용자가 세상을 떠나면서 사어(死語)가 됐고 프랑스에서도 브르통어, 노르망어 등 13개 언어가 소멸 위기라 한다.

'훈민정음' 창제 후 560여 년을 이어온 한글을 독창적이고 과학적인 언어로 내세우는 것을 자화자찬으로 몰아붙일 일은 아닌 것 같다.

한글은 탄생기록을 가진 유일한 문자로 그 가치를 세계적으로 인정받은 지 오래다. '훈민정음'은 1997년 유네스코 세계기록문화유산에 등재됐고, 유네스코는 '세종대왕 문맹퇴치 상'을 제정하기도 했다. 배우기 쉽고 문맹을 없애는 우수한 글자라는 취지에서다.

세계 언어학자들도 한글의 우수성에 찬사를 아끼지 않고 있다. 영국의 샘슨 교수는 〈문자체계〉(Writing Systems)라는 저서에서 인류의 위대한 지적 성취 중 하나로 한글을 꼽았다. 퓰리처상 수상자인 미국 다이아몬드 교수도 유명 과학지 기고문에서 "세종이 만든 28자는 세계에서 가장 훌륭한 알파벳"이라며 과학적인 표기법 체계에 놀라움을 표시했다고 한다.

문자가 없어 곤란을 겪던 인도네시아 소수민족 찌아찌아족이 자신들의 언어를 표기할 공식문자로 한글을 도입했다고 한다. 인구 6만 여명의 이 부족은 독자적인 말을 갖고 있지만 문자가 없어 고유어를 잃을 위기에 처해 있었다는 것이다. 이젠 '바하사 찌아찌아1'이란 교과서까지 편찬돼 '부리'(쓰기) '뽀가우'(말하기), '바짜안'(읽기) 등 모든 텍스트를 한글로 표기하고, 우리의 전래동화 '토끼전'도 수록했다고 한다. 한글에서는 사라진 비읍 순경음(ㅸ)도 부활시켰다는 소식이다.

타국에서 한글을 공식문자로 채택한 것은 처음있는 일이다. 세종대왕도 지하에서 흐뭇한 미소를 지을 것만 같다. 한글은 세계로 뛰는데 정작 한국에서는 영어몰입교육 등으로 푸대접이 이만저만이 아니다.

한글사랑, 아무리 강조해도 지나치지 않을 슬로건이다.

- 박성수, 「세계로 뛰는 한글」, 『경향신문』, 2009.8.6. 부분

글쓰기의 목적과 효용

　글쓰기란 포괄적으로 보아 인간의 삶과 사유 활동 전체를 포괄하는 문자 행위라 할 수 있다. 우리의 일상을 살펴보면, SNS나 블로그, 커뮤니티 게시판 같은 인터넷 문화는 우리들에게 글쓰기를 요구한다. 다양한 카메라의 보급으로 자신의 일상과 관심을 사진에 담아 알리는 것도 흔한 일이 되었지만 글이 주는 진실한 전달력을 넘어서지는 못한다. 이런 개인적인 글쓰기뿐만 아니라 학생들의 사고력과 문제해결 능력을 키우기 위한 방편으로 대학에서는 글쓰기 교육을 강화하고 있다.

　대학인으로서 글쓰기는 대학 생활에 필요한 학문적 활동으로부터 학과 과목의 수강에 필요한 각종 보고서의 제출에 이르기까지 거의 모든 언어 활동과 사유의 과정 전체에 걸쳐 있다. 이러한 글쓰기는 읽기와 불가분의 관계를 맺고 있다. 읽기는 소극적으로 텍스트의 의미를 찾는 것에서 출발하여 적극적으로는 그 의미를 바탕으로 창의적인 해석을 하거나 글쓰기로 연결되어 구체적인 실천이나 행동으로 옮겨지게 된다. 결국, 다양한 종류의 글을 읽고 자신의 생각을 진행해감으로써 학문의 기초적 수용 과정을 익히고, 학문적 주제나 해당 과제에 대하여 학생 스스로 주체적인 문제 해결 능력을 기르게 된다.

글쓰기에 대한 지금까지의 교육적 관점은 대체로 결과 중심적 평가에 있었다. 개개인의 글쓰기 능력을 고려하지 않은 채 완성된 글에 대한 평가 자체에 우선순위를 두어왔다. 그런데 최근 "과정 중심접근(process-oriented approach)"에서는 완성된 글 자체보다는 그 글을 완성하기까지의 일련 과정을 강조한다(이재승, 『글쓰기 교육의 원리와 방법—과정 중심 접근』, 교육과학사, 2002). 곧, 글쓰기에 대한 평가적 태도보다는 글쓰기 과정에 대한 실질적인 성과 여부를 검토하는 방향으로 강조점이 이동되어 왔다고 할 수 있다.

이 같은 관점에서 교양 과목으로 글쓰기는 전공 학문을 수행하기 위한 선수 학습 과목으로, 기초 학문의 세계를 보다 충실하게 습득할 수 있도록 하나의 과정을 제공한다. 더불어 글쓰기는 교양인이 갖추어야 할 기본적 자질인 창의적이고 논리적인 사고력, 언어능력을 집중적이고 체계적으로 배양할 수 있는 최선의 방법이다. 그 효용은 대학 생활의 과정 중에서 요구되는 학문 활동과 취미 활동 그리고 대학 졸업 이후의 성공적인 취업 활동에 이르기까지 대학인으로서 성공적인 삶 전체를 포괄한다고 할 수 있다. 즉, 기본적인 학문연마와 사회생활에 대한 이해, 그리고 주체적이고 능동적인 생활의 토대가 되는 것이다.

현대 사회의 의사소통 환경은 다양한 멀티미디어의 발달로 빠른 속도로 변화하고 있다. 이러한 시대적 환경 속에서 우리사회는 개성적이고 능동적으로 변화를 주도할 창의적 인재를 요구한다. 글쓰기는 대학생에게 전공학습 능력을 길러주고, 그들이 사회가 요구하는 인재로 성장할

수 있도록 도와준다. 아울러 자신에게 자기 스스로를 성찰하고 세계를
바라보는 안목을 기를 기회를 제공한다.

예문 1

제목: 그대 이름은 '무식한 대학생'

그대는 대학에 입학했다. 한국의 수많은 무식한 대학생의 대열에 합
류한 것이다. 지금까지 그대는 12년 동안 줄세우기 경쟁시험에서 앞부
분을 차지하기 위해 부단히 노력했다. 영어 단어를 암기하고 수학 공식
을 풀었으며 주입식 교육을 받아들였다. 선행학습, 야간자율학습, 보충
수업 등 학습노동에 시달렸으며 사교육비로 부모님 재산을 축냈다. 그
것은 시험문제 풀이 요령을 익힌 노동이었지 공부가 아니었다. 그대는
그 동안 고전 한 권 제대로 읽지 않았다. 그리고 대학에 입학했다. 그대
의 대학 주위를 둘러보라. 그 곳이 대학가인가? 12년 동안 고생한 그대
를 위해 마련된 '먹고 마시고 놀자'판의 위락시설 아니던가.

그대가 입학한 대학과 학과는 그대가 선택한 게 아니다. 그대가 선택
당한 것이다. 줄세우기 경쟁에서 어느 지점에 있는가를 알게 해주는 그
대의 성적을 보고 대학과 학과가 그대를 선택한 것이다. '적성' 따라 학
과를 선택하는 게 아니라 '성적' 따라, 그리고 제비 따라 강남 가듯 시류
따라 대학과 학과를 선택한 그대는 지금까지 한 권도 제대로 읽지 않은
고전을 앞으로도 읽을 의사가 별로 없다. 영어영문학과, 중어중문학과
에 입학한 학생은 영어, 중국어를 배워야 취직을 잘 할 수 있어 입학했
을 뿐, 셰익스피어, 밀턴을 읽거나 두보, 이백과 벗하기 위해 입학한 게
아니다. 그렇다면 차라리 어학원에 다니는 편이 좋겠는데, 이러한 점은
다른 학과 입학생에게도 똑같이 적용된다. '인문학의 위기'가 왜 중요한

물음인지 알지 못하는 그대는 인간에 대한 물음 한 번 던져보지 않은 채, 철학과, 사회학과, 역사학과, 정치학과, 경제학과를 선택했고, 사회와 경제에 대해 무식한 그대가 시류에 영합하여 경영학과, 행정학과를 선택했고 의대, 약대를 선택했다.

한국 현대사에 대한 그대의 무식은 특기할 만한데, 왜 우리에게 현대사가 중요한지 모를 만큼 철저히 무식하다. 그대는 〈조선일보〉와 〈동아일보〉가 '민족지'를 참칭하는 동안 진정한 민족지였던 〈민족일보〉가 어떻게 압살되었는지 모르고, 보도연맹과 보도지침이 어떻게 다른지 모른다. 그대는 민족적 정체성이나 사회경제적 정체성에 대해 그 어떤 문제의식도 갖고 있지 않을 만큼 무식하다.

그대는 무식하지만 대중문화의 혜택을 듬뿍 받아 스스로 무식하다고 믿지 않는다. 20세기 전반까지만 해도 읽지 않은 사람은 스스로 무식하다고 인정했다. 그러나 지금은 대중문화가 토해내는 수많은 '정보'와 진실 된 '앎'이 혼동돼 아무도 스스로 무식하다고 말하지 않는다. 하물며 대학생인데! "당신의 능력을 보여주세요!"에 익숙한 그대는 '물질적 가치'를 '인간적 가치'로 이미 치환했다. 물질만 획득할 수 있으면 그만이지, 자신의 무지에 대해 성찰할 필요조차 느끼지 않게 된 것이다.

그대의 이름은 무식한 대학생. 그대가 무지의 폐쇄회로에서 벗어날 수 있을 것인가. 그것은 그대에게 달려 있다. 좋은 선배를 만나고 좋은 동아리를 선택하려 하는가, 그리고 대학가에서 그대가 찾기 어려운 책방을 열심히 찾아내려 노력하는가에 달려 있다.

– 홍세화, 「그대 이름은 '무식한 대학생'」, 『대학생신문』, 2003.2.18. 부분

제목: 문화 없는 과학교육은 50점

　다윈 진화론의 열렬한 옹호자로 주로 알려진 토머스 헉슬리는 1825년 런던 근교에서 사립학교 교사의 막내아들로 태어났다. 가정형편이 좋지 않아 정규교육의 기회가 많지 않았던 헉슬리는 타고난 근면함과 재능을 발휘하여 포브스를 비롯한 유력한 신사 과학자들의 후원으로 성공적인 과학지식인의 길을 걷는다. 당시 영국의 과학계는 독자적인 경제력을 갖고 과학 연구에 몰두했던 다윈과 같은 신사 과학자가 주도했다.

　헉슬리 자신은 신사 과학자의 후원에 힘입어 연구자로 성장했지만 해양생물학에 대한 전문 연구와 함께 신문 기고와 행정 자문 등 다양한 역할을 수행했다. 또한 헉슬리는 국가가 주도하는 교육과정의 내용처럼 빅토리아 영국사회의 주요 사회적 논쟁에 적극적으로 참여하며 문화와 교양으로서의 과학을 강조하는 일관된 목소리를 내기도 했다. 이처럼 과학지식인으로 수많은 일을 했던 헉슬리는 제한적이고 기능적인 느낌을 주는 과학자로 불리기를 거부했다.

　헉슬리의 손자로 '멋진 신세계'를 쓴 올더스 헉슬리는 할아버지의 문학적 소양을 강조하곤 했다. 실제로 헉슬리는 바람직한 과학과 문학의 관계가 어떠해야 하는지에 대해 엘리엇, 아널드 등 당대 문인과 논쟁을 벌였다. 당시 과학 교육은 오직 기술적으로 응용되어 얻을 수 있는 유용성만을 목적으로 시행됐다. 교양 교육이나 문화의 영역은 고전과 문학이 주도했다.

　헉슬리는 이에 맞서 실용적 기술교육이 이뤄지는 광산학교 같은 곳에서도 과학교육이 왜 그 자체로 중요한지, 그리고 왜 과학교육이 고전교육이나 종교교육만큼이나 보편적 가치를 갖는지를 런던교육위원회 활동과 여러 신문기고를 통해 지속적으로 주장했다.

이 과정에서 헉슬리는 성경을 교육에 활용하자는 제안에 찬성했는데 얼핏 보기에는 종교에 공공연히 전쟁을 선포한 사람답지 않아 보일 수도 있다. 하지만 헉슬리는 종교가 윤리 교육에 가지는 중요한 가치를 인정했다. 특히 그는 사회가 성공적으로 작동하기 위해서는 각 계층의 사람이 자신의 본분을 지키며 공익을 증진시킬 윤리적 태도를 실천해야 한다고 생각했다. 헉슬리는 이를 위한 윤리적 덕목을 고양하기 위해서는 자연적 인과 작용을 넘어설 필요가 있다고 생각했다.

하지만 헉슬리가 찬성한, 종교에 기반을 둔 윤리교육은 영성이나 설교자의 주관에 좌우되지 말아야 했다. 헉슬리는 학생이 성경이라는 구체적인 텍스트에 과학적 분석을 적용하여 성경에서 믿을 만한 부분과 그렇지 못한 부분을 가려낼 수 있기를 희망했다. 이 생각은 다른 교육위원의 지지를 받지 못해 정책에 반영되지 못했지만 우리는 헉슬리가 당시 주어진 조건에서 과학을 문화와 교양교육에 나름대로 위치시키려 노력했음을 알 수 있다.

헉슬리가 빅토리아 영국사회에서 과학지식인으로 활동했던 상황과 현재 우리의 상황은 많이 다르다. 하지만 과학과 인문학 사이의 관계, 문화로서의 과학의 지위, 바람직한 과학교육의 내용과 형식, 과학지식의 권위와 한계에 대한 우리 사회의 최근 논쟁은 헉슬리 시대의 그것과 닮은 점이 있다.

헉슬리가 자신의 시대에서 추구했던 것은 문화로서의 과학이 전통적인 인문학과 더불어 '한 문화'로서 교육되는 것이었다. 이 과정에서 헉슬리는 과학지식의 중요성을 누구보다 강조했지만 과학만으로 모든 문제를 풀 수 있다고는 생각하지 않았다. 한편 헉슬리는 과학교육이 왜 필요한지 자체를 논증해야 했지만, 현재 우리는 이미 중요하다고 인정되는 과학교육에 무엇을 담는 것이 더 바람직할지를 고민한다. 답은 전문지식으로서의 과학과 문화적 현상으로서의 과학을 동시에 아우를 내용이 되어야 할 것이다.

- 이상욱, 「문화없는 과학교육은 50점」, 『동아일보』, 2011.1.12.

제3절 삶의 현장에 따른 글쓰기의 종류

　글쓰기 과정을 통해 배양된 능력은 학교생활뿐 아니라 일상생활에서도, 그리고 나아가 사회생활을 영위하면서도 당면 문제의 해결 능력을 심화시킨다. 대학인의 글쓰기는 학문적 주제의 심화나 대학 생활에서 부딪힌 여러 문제를 해결하는 능력 또는 주어진 과제를 수행하는 가운데 글로써 표현되는 것이기 때문이다. 그러므로 대학인으로서 삶의 과정만큼이나 글쓰기의 종류는 다양하다. 학교생활에서 이뤄지는 글쓰기는 우선 학과 과목을 이수하는 데 필요한 각종 보고서나 리포트로부터 시험 기간에 제출해야 할 주관식 답안에 이르기까지, 그리고 동아리 활동이나 취미 활동을 즐기는 데 필요한 여러 가지 문제 행위 등이 있다.

　글쓰기의 종류는 헤아릴 수 없이 많다. 형식적인 분류 방법에 따라, 내용적인 분류에 따라, 표현 방법에 따라, 목적에 따라 다양하게 나뉘어진다. 다음에서 우리 삶의 여러 현장에서 이뤄지는 글쓰기의 종류에 대해 알아보자.

● 글쓰기의 종류

구분	내용
학교생활	보고서, 수업 시간 중의 발표, 주관식 답안 쓰기, 경시대회 지원서, 학위 논문, 자기 소개서, 입사 지원서, 인문과학계·사회과학계·자연과학계 글쓰기
일상생활	일사의 기록, 단상, 에세이, 도서감상문, 서평, 이메일, 인터넷 글쓰기
사회생활	업무용 문서, 기획안 작성

　　인문·사회과학계 글쓰기와 이공계 글쓰기의 차이점은 학문 분과의 기본적 특성에 따른다. 인문·사회과학의 학문적 지향과 이공계 학문의 특성은 전자가 해석적 관점이 우세하다면, 후자는 관찰이나 설명의 방식이 유효하다는 데 있다. 이에 따라 각 계열별 글쓰기가 지향하는 방향 역시 전자의 경우 현상의 해석에 필요한 추리적 사고를 더욱 요구하는 반면, 이공 계열의 경우 분석적 사고의 능력을 더욱 중요시하는 쪽으로 흘러간다고 할 수 있다. 경우에 따라서는 예술적 감성이 더욱 요구되는 학과가 있는가 하면, 보다 과학적이고 합리적인 사고가 필요한 학과가 있을 수 있다. 같은 글쓰기 과목을 수강하더라도 자신의 학문적 특성이나 경향을 살릴 수 있도록 특화된 사유 방식을 계발해야 할 것이다. 그러나 어떠한 경우에도 우리가 주의해야 할 점은 대학인으로서의 글쓰기 행위에는 창조적 사고가 동반되어야 한다.

제2장

글쓰기의 실제 과정

글쓰기 전 단계

글쓰기 단계

글쓰기 마무리 단계

글쓰기 전 단계

일반적으로 대학에서 행하는 글쓰기는 다양한 경로(교과목 수업, 각종 스터디, 독서, 토론, 대화, 실험, 조사 등)를 거쳐 획득한 지식과 정보를 바탕으로 자신의 독특한 사상과 가치관을 올바른 논증과 합리적인 절차에 따라 펼쳐 보이는 것이다. 읽는 이로 하여금 일정한 이해에 도달하도록 이끌거나 읽는 이에게 자신의 주장과 의견을 설득하는 행위다. 그런데 글쓰기는 생각 만들기 등 본격적인 글쓰기에 앞서 진행해야 할 전 단계, 글쓰기 단계, 고쳐 쓰기 등 초고를 작성한 뒤 필히 거쳐야 하는 마무리 단계로 나눌 수 있다.

글쓰기 전 단계에서는 우선 무정형 상태의 생각을 언어화하여 조직하고 이러한 생각에 문제의식을 보태 생각의 실마리를 풀어내야 한다. 그리고 이 생각의 실마리를 확장하고 다듬어 일정한 방향을 정한 뒤 그에 합당한 자료를 조사하고 선별하는 과정을 거쳐야 한다. 그런 후에는 가상적 주제문과 개요, 글 전체의 흐름 방향 등 앞으로 작성하고자 하는 글의 대략적인 틀을 짜 두어야 한다. 이러한 사전 작업들을 철저히 이행하지 않은 상태에서 곧바로 글을 쓰면 상당한 곤란을 겪을 수밖에 없다. 예컨대 비록 가상적 주제문이라 할지라도 그것을 제대로 설정하지 않은 채 글을 쓴다면 글을 한창 쓰다가 자신이 쓰려고 했던 바가 도대체 무엇인지를 잊어 허둥댈 수 있다. 그리고 개요와 글 전체의 흐름 방향을 마련해 두지 않은 상태에서 글을 시작한다면 글의 흐름을 다잡아 나가기도 힘들뿐더러 원래 의도한 바에서 벗어나는 내용에 매달릴 수도 있고, 글의 각 부분(서론, 본론, 결론, 그리고 각각의 단락들)의 분량을 조정하기도 쉽지 않다. 그런데 학생들 대부분이 글쓰기 전 단계를 하찮게 여기거나 그 중요함을 잘 알고 있더라도 귀찮아서 생략해 버리곤 하는데 이는 잘못된 태도다. 왜냐하면 직접 첫 문장을 쓸 때가 아니라 생각의 실마리를 잡는 바로 그때가 글쓰기를 시작하는 순간이기 때문이다. 이 절에서는 글쓰기 전 단계 과정에 대해 상세히 살펴보고자 한다.

1. 생각 만들기

흔히 생각을 음성언어로 발화하는 행위를 말하기라고 부르고, 생각이나 말하기를 문자언어로 적는 일을 글쓰기라고 일컫는다. 그런데 이는 부정확한 표현이다.

생각은 언어로 표현되기 이전에는 아무런 의미도 없고 가치도 없는 '그 무엇'에 지나지 않는다. 즉 생각은 언어화되고 더 나아가 언어로 조직되어야 비로소 생각으로써 기능하기 시작한다. 쉬운 예를 들자면 '부모님의 사랑'에 대해 생각하기 위해서는 일단 '부모님'이라든지 '사랑'이라는 단어로 그 대상(물)이 지칭되어야 하며(언어화) 그런 뒤에 그 둘을 이어주는 '-의'라는 조사로 서로 묶여야 한다(조직화). 따라서 '자신의 생각을 그대로 적거나 말한다'라는 표현은 잘못된 것이다. 이 표현을 올바르게 수정하자면 '언어로 구성된 생각을 글쓰기의 방법에 맞춰 쓰고, 말하기의 규칙에 따라 말한다'라고 해야 한다. 즉 무정형 상태의 '그 무엇'을 언어로 표현하고 조직했을 때 '생각'을 할 수 있다는 뜻이다. 그리고 이 상태의 생각을 말하기의 이런저런 규준에 따라 전개했을 때 대화 등이 성립하며, 글쓰기의 다양한 방법들 가운데 하나를 선택하여 펼쳐 보였을 때 그럴듯한 한 편의 글이 된다.

이처럼 무정형 상태나 이미지 상태의 생각이 아니라 어느 정도라도 언어로 형식화된 생각일 때에야 비로소 생각이라고 말할 수 있으며 그 의미화가 가능하다.

그런데 언뜻 보기에 생각은 만들어 나간다기보다는 만들어진다는 표현이 더 적합한 듯하다. 왜냐하면 우리는 삶을 살아가면서 일부러 의미를 부여하기 위해 생각할 거리를 찾아 나선다기보다는 오히려 특정 사건이나 사물을 마주했을 때 그것의 의미에 대해 생각하는 일이 더욱 잦으며 또한 그러한 현상이 더욱 자연스러운 듯 느껴지기 때문이다. 요컨대 생각은 자신이 문득 마주한 세계와 사물로부터 촉발되기 때문에 만들어지는 것처럼 보인다. 처음 보는 유기체를 발견했을 경우를 떠올려 보자. 그때 우리는 '저것은 무엇인가?'라는 물음을 던지며 그에 대한 해답을 찾기 위해 생각을 하기 시작할 것이다. 따라서 생각은 '처음 보는 유기체'로부터 비롯된 것처럼 여겨진다. 그런데 '저것'으로 지칭한 '무엇'이 지금까지 자신이 알고 있던 다른 유기체들과 비교하여 어떤 특징이 있는지를 관찰하고 그 관찰의 결과에 따라 그 유기체를 분류하고 마침내는 명명하는 일련의 작업을 고려하면 생각은 만들어지는 것이 아니라 만들어 나간다고 표현해야 올바르다. 아니 애초에 '저것은 무엇인가?'라고 던진 질문 자체가 생각을 형성한 계기라고 보아야 옳다. 이러한 일련의 일들을 달리 말하자면 생각은 생각하기의 대상으로부터 촉발되었다 할지라도 그 대상에 대해 일정한 의미를 부여하거나 재구성해 나가는 능동적인 과정이라고 요약할 수 있다. 이 같은 의미화 과정을 통해 우리는 자신을 둘러싼 우주와 사물의 존재 앞에서 비로소 이해의 통로를 열기 시작하며, 그것들과 관계를 맺기 시작한다. 이처럼 생각한다는 것은 자신 앞에 놓인 세계와 사물에 대해 이해하고 특별한 의미를 부여하는 작업이다.

한편 이 세계에 대해 의미를 부여하는 방법이나 관계를 맺는 방식이 다양하고 독창적일 때 생각이 풍부하고 창의적이라고 말한다. 그런데 풍부하고 창의적으로 생각하기 위해서는 무엇보다 문제의식이 있어야 한다. 문제의식은 어떤 일이나 대상에 대해 문제점을 찾아내고 그에 적극적으로 대처하려는 자세를 뜻한다.

이때 문제점을 찾아낸다는 것은 잘못된 사실을 들추어내거나 부당한 지점을 짚어낸다는 정도에서 그치는 것이 아니다. 어떤 대상에 대해 문제의식을 가질 때에는 본원적이고 전면적이어야 한다. 즉 너무나도 자연스럽기 때문에 더 이상 질문할 필요가 없어 보이는 대상일지라도 왜 그처럼 당연하게 여겨 왔는지 질문할 줄 알아야 한다는 의미이다. 예컨대 '왜 한국인은 수저를 사용해서 음식을 먹는가', '왜 국민은 국가에 세금을 내야 하는가', '왜 우리는 취직을 해야 하는가'와 같이 말이다. 이러한 문제의식을 가질 때 우리는 이전까지 미처 몰랐던 중요한 사실을 깨달을 수 있다.

그리고 그 깨달음을 통해 세계와 대상에 대해 새로운 의미를 부여할 수 있으며, 그런 만큼 새로운 관계 맺기도 가능해진다. 이는 곧 자신의 사유와 삶의 질을 한 단계 더 끌어올리는 일인 셈이다.

그런데 아무리 창의적이고 풍부한 생각을 지니고 있다 할지라도 일정한 맥락을 형성하지 못한다면 아무런 쓸모가 없다. 물론 일단 언어화된 생각은 어느 정도 의미의 맥락을 구성하고 있긴 하지만, 글쓰기 과정을 통해 정련되지 않는다면 그저 파편적인 생각으로만 남을 뿐이다. 하나의 생각을 여러 방면으로 확장하든지 혹은 다양한 생각들을 모아 하나로 통합하든지 생각은 글쓰기를 통해 정리되어야 한다. 그 정리 과정 동안 어떤 생각은 선택받지만 어떤 생각은 배제될 수도 있다. 그리고 이처럼 다듬어진 생각에 의해 글은 더욱 윤택해지고 세밀해지며 때론 그 방향을 달리할 수도 있다. 즉 생각이 글을 형성하고 글이 생각을 걸러 그 의미와 범주를 드러내고 다시 그 생각이 글을 규제한다. 이처럼 생각과 글쓰기는 상호보완적 관계로 묶여 작동하는데 이 과정 동안 자아와 세계 또한 서로 새로운 의미를 발견하고 이전과는 전혀 다른 관계를 맺는다.

지금까지 말한 바를 요약하자면, 우선 생각은 언어화되어야 비로소 의미 있게 기능하기 시작한다. 그리고 생각은 자신과 조우한 세계와 대상에 대해 의미를 부여하거나 재구성하는 능동적인 작업인데, 본원적이고 전면적인 문제의식이 있을 때 더욱 풍부하고 창의적인 생각을 할 수 있다. 그리고 생각은 일련의 문맥을 형성할 때(즉 글쓰기 과정을 거쳤을 때) 진정한 의미를 지니게 된다. 지금부터는 글감을 찾는 여러 경로들을 확인해 보고 이로부터 생각의 실마리를 찾아 일정한 주제를 지닌 생각을 구성해 나가는 과정을 살펴보자.

1) 글감 찾기

글감은 글로 쓸 만한 재료를 말한다. 달리 말해 글의 소재 혹은 대상이라고도 부른다. 그런데 흔히 말하길 글감은 무한하다고들 한다. 그 무엇이든 글로 쓸 수 있다는 통념 때문이다. 물론 글로 쓰기에 꽤 까다로운 대상도 많다. 예컨대 '무한(無限)'과 같이 인간의 상상력으로는 쉽사리 범접하기 어려운 철학적 개념도 허다하고, '아우라(Aura)'와 같이 의미의 영역을 단정적으로 말하기 힘든 미학적 용어도 곧잘 눈에 띄며, 전자회로도와 같이 그 세부 사항을 하나하나 설명하기에는 복잡할뿐더러 또 설명한다 하더라도 따지고 보면 시간 낭비나 다름없는 대상도 상당하다. 그렇지만 인간의 상상력을 초과하는 개념이든 의미의 영역을 한정하기에 어려움이 있는 용어이든 복잡하기 비할 바 없는 대상이든 이를 글로 쓰는 일이 아예 불가능하다고는 말할 수 없다.

그러나 어떤 글이든 단 한 번이라도 글을 써 본 경험이 있는 사람이라면 글로 쓸 수 있는 대상이 무한하다고 해서 글감을 쉽게 얻을 수 있다고는 생각하지 않을 것이다. 그 이유는 간단하다. 글로 쓸 수 있는 대상과 글로 쓸 만한 대상은 다르기 때문이다. 글로 쓸 만한 대상은 글쓴이가 글로 쓸 수 있는 그야말로 무한한 대상들 가운데 가치가 있다고 판단하여 선택한 대상이다. 따라서 글감이 무한하다는 표현은 올바르지 않다. 요컨대 글감이란 글로 쓸 만한 재료를 말하되, 글로 쓸 수 있는 대상들 가운데 여러 가지 선택과 배제의 과정을 거쳐 선별한 대상이다. 그리고 이 선별하는 과정 자체가 생각을 형성하고 다듬는 일에 다름 아니다. 글감 찾기를 통해 생각을 만들고 다듬어 나가는 과정을 일상생활의 경험, 학문적 주제, 사회적 이슈로부터 이끌어 낸 경우들을 예로 들어 살펴보자.

(1) 일상생활의 경험에서 글감 찾기

예문

　모처럼 가족들과 함께 꽃구경을 가는 차 안에서 애들이 부르는 노래를 들었다. 귀를 쫑긋 세우고 들어보니 대중가요인데, 인기밴드 '장기하와 얼굴들'의 출세작 중 하나인 〈싸구려 커피〉였다. … 중략 …

　〈싸구려 커피〉를 들어본 사람들이라면 어렵지 않게 알 수 있듯, 이 노래는 대중의 폭발적 인기를 끄는 댄스가요나 감성에 호소하는 발라드와 전혀 다른 인대밴드의 록 계열 음악으로, 노랫말 대부분은 이십대 청춘의 현실에 대한 낭패감과 부적응이 주류를 이룬다. 우리 시대의 이십대를 흔히들 '88만원 세대'라고 하는데, 〈싸구려 커피〉에는 가수의 의도와 상관없이 분명 '88만원 세대'가 공감하는 일상의 면모가 자연스레 표현되고 있다.

　그런데 이 노래를 들으며, 가수 한대수의 〈하루아침〉이란 노래가 문득 떠올랐다. 우리 시대의 음유시인인 한대수의 불후의 명곡 〈하루아침〉이 〈싸구려 커피〉와 비슷한 의미 맥락을 이루고 있는 것처럼 생각되기 때문이다. 이 두 노래의 시간적 거리는 약 30여 년으로, 한 세대 정도의 차이나 나지만 한국 사회에서 이십대 청춘이 겪는 사회적 고통과 소외는 별반 다르지 않다.

　가령, 두 노래를 음미해보자. 우선, 한대수의 거칠 것 없는, 그 어디에도 구속되는 것을 거부하는, 무한 자유를 갈구하는 허스키한 목소리.

하루 아침 눈뜨니 기분이 이상해서/ 시간은 열한시반 아 피곤하구나?/ 소주나 한 잔 마시고 소주나 두 잔 마시고/ 소주나 석 잔 마시고 일어났다.// 할 말도 하나 없이 갈 데도 없어서/ 뒤에 있는 언덕을 아! 올라가면서/ 소리를 한번 지르고 노래를 한번 부르니/ 옆에 있는 나무가 사라지더라.// 배는 조금 고프고 눈은 본 것 없어서/ 광복동에 들어가 아! 국수나 한 그릇 마시고/ 빠 문 앞에 기대어 치마 구경하다가/ 하품 네 번 하고서 집으로 왔다.// 방문을 열고 보니 반겨주는 개미 셋/ 안녕하세요 한선생님 오랜만입니다 하고 아 인사를 하네/ 소주나 한 잔 마시고 소주나 두 잔 마시고/ 소주나 석 잔 마시고 잠을 잤다.

– 한대수의 〈하루아침〉 전문

다음으로 삶에 대한 적절한 고뇌와 무심한 듯한 표정으로 나지막하게 맑은 목소리.

싸구려 커피를 마신다 미지근해 적잖이 속이 쓰려온다/ 눅눅한 비닐 장판에 발바닥이 쩍 달라붙었다 떨어진다/ 이제는 아무렇지 않아 바퀴벌레 한 마리쯤 슥 지나가도/ 무거운 매일 아침엔 다만 그저 약간의 기침이 멈출 생각을 않는다/ 축축한 이불을 갠다 삐걱대는 문을 열고 밖에 나가 본다/ 아직 덜 갠 하늘이 너무 가까워 숨 쉬기가 쉽질 않다/ 수만번 본 것만 같다 어지러워 쓰러질 정도로 익숙하기만 하다/ 남은 것도 없이 텅 빈 나를 잠근다/ (중략)제멋대로 구부러진 칫솔 갖다 이빨을 닦다 보면은/ 잇몸에 피가 나게 닦아도 당최 치석은 빠져 나올 줄을 몰라/ 언제 땄는지도 모르는 미지근한 콜라가 담긴 캔을 입에 가져가 한모금/ 아뿔싸 담배꽁초가/ 이제는 장판이 난지 내가 장판인지도 몰라/ 해가 뜨기도 전에 지는 이런 상황은 뭔가 … 중략 …

– 장기하와 얼굴들의 〈싸구려 커피〉 부분

분명, 이 두 노래는 서로 다른 시대를 배경으로 만들어졌다. 〈하루아침〉이 1970년대 국가 주도의 산업화의 주류에서 밀려난 젊은이들이 겪는 삶의 애환과 허무가 짙게 그늘을 드리우고 있다면, 〈싸구려 커피〉는 전 세계 경제의 총체적 위기 속에서 이렇다 할 미래를 구체적으로 그려볼 수 없는 21세기 '88만원 세대'의 일상의 우울과 무기력증이 스며들어 있다. 어쩌면 이 두 노래가 '지금, 이곳'에서 전 국민의 사랑을 받게 된 것은, 한 세대 이전의 젊은이들이 겪어야 했던 산업화의 비애와 허무의 감정이, 21세기 우리 젊은이들의 자화상에 포개지면서 또다시 그러한 젊음의 사회적 고통과 소외의 상처가 반복되는 데 대한 연민과 위안의 감정에서 비롯된 것인지도 모를 일이다.

　　여기서 우리는 준열히 묻고 냉철히 성찰해야 한다. 〈하루아침〉과 〈싸구려 커피〉에서 나오는 우리의 젊은이들을 무작정 탓해서는 곤란하다. 그들은 기성세대와의 사회적 거리 두기를 통해 기성세대의 성공 지상주의 신화에 대한 맹목을 비판하고, 젊음 특유의 패기와 열정, 그리고 자유에의 의지가 사회와 행복하게 만나지 못하는 기성의 경직성을 풍자한다. 정작 한국 사회가 숙고해야 하는 것은 이러한 젊음을 사회의 가치로 확산시킬 수 있는 21세기식 창조적 고용이지, 20세기식 개발 지상주의에 근거한 단순 반복의 일자리를 창출하는 게 결코 아니다. 그럴 바에는 차라리 〈하루아침〉과 〈싸구려 커피〉의 일상을 만끽하는 게 나을 터이다.

– 고명철, 「한대수와 장기하, 그 젊음의 매력」, 『잠 못 이루는 리얼리스트』, 삶창, 2010. 부분

　　위 예문은 글쓴이가 가족 나들이 중 차 안에서 우연히 들은 노래의 노랫말에서 착상하여 우리 시대 문제가 되고 있는 '헬 조선', '88만원 세대'에 대한 단상을 적고 있다. 물론 누구나 일상 속에서 길을 가다가, 차를

마시다가 주위로부터 흘러나오는 다양한 노래를 들을 수는 있다. 다만 글쓴이처럼 소소한 체험을 근거로 하여 당대의 사회적 이슈에 연결시키는 일은 흔하지 않을 수도 있다. 그럼에도 불구하고 글쓴이는 "일상의 평범한 일일 수도 있는 경험" 속에서 시작하여 문제의식을 확장하여 대한민국 청춘들의 고민과 문제에 대한 의미 있는 발언을 써냈다. 이처럼 일상생활의 온갖 세목들 가운데에서도 글감을 찾을 수 있는데, 비록 남들이 하찮게 여기는 일일지라도 평소 면밀히 관찰할 줄 알고 문제의식을 가지고 있다면 자신의 주변 곳곳에 숨어 있는 좋은 글감을 찾을 수 있을 것이다.

(2) 학문적 주제에서 글감 찾기

예문

1896년 물리학자 앙리 베크렐에 의해 발견된 방사성은, 양성자의 발견과 각 원자는 음의 전기를 가진 전하에 둘러싸이며 양의 전기를 가진 핵을 하나씩 가지고 있다는 개념의 도입에 핵심이 되었다. 핵에 관한 연구는 1932년 중성 입자인 중성자가 발견되기까지 큰 발전을 보지 못했다. 1934년 부부 물리학자인 이렌느 졸리오-퀴리와 프레데릭 졸리오-퀴리가 원자에 중성자 세례를 퍼부으면 원소가 방사성 동위원소로 변한다는 것을 보여주었다. 1940년 우라늄보다 원자번호가 더 큰 최초의 인공원소가 만들어졌으며, 넵튜늄이라는 이름과 원자번호 93번이 주어졌다. 그 이듬해에는 원자번호 94번인 플루토늄이 만들어졌다. 오늘날에는 116번까지의 인공원소가 존재한다. 1938년 물리학자 오토 한과 리제 마이트너가 거대한 우라늄 원자를 중성자로 때리면 더 작은 조각으로 깨뜨릴 수 있으며(핵분열), 이 과정에서 새로운 중성자와 다른 형태의 에너지가 방출된다는 사실을 발견했다. 이러한 발견으로부터 원자폭탄 또는 핵분열 폭탄, 그리고 핵무기의 발견이 이루어졌다. 그 후 핵융합 폭탄(수소 폭탄, 1952)의 개발도 이루어졌다.

- 존라이트 외, 김소정 외 옮김, 『뉴욕타임스가 선정한 교양 4』, 이지북, 2005. 부분

대학 생활을 하는 동안 가장 자주 접하는 글은 학문적 주제를 다룬 글일 것이다. 그리고 교과목 수업 시 제출해야 하는 과제 등 학문적 주제에 관해 실제로 궁구하고 작성해야 할 경우도 빈번할 것이다. 분과 학문마다 사정은 조금씩 다르겠지만 일반적으로 대학에서는 기존 정보들의 요약과 검토, 관점 또는 방법론의 적용과 개발, 논점의 구성과 해결, 타당하고 설득력 있는 논증 과정 제시, 합리적인 결론 도출 등을 목적으로 다양한 학문적 주제들을 대상으로 삼아 엄청난 양의 글을 써야 한다. 이를 위해 대학 생활을 하는 동안 평소 교과목 수강뿐만 아니라 스터디나 여타 활동을 통해 학문적 주제들을 섭렵해 두어야 한다.

(3) 사회적 이슈에서 글감 찾기

예문

산사람과 그을린 돌
－4·3 유족 회고에서

산길을 가다가 그을린 돌을 보면
4·3 때 돌아가신 아버지 생각.
아버지는 누구를 위해 산(山)사람이 되셨을까.
어른들이 와서는 아버지 계신 곳을 대라고
으르고 달래고 했는데,
돌을 놓고 불을 붙이고
밥을 끓였으리라.
마음은 새까맣게 그을음이 올라
그을음이 올라……
산사람의 고독을 고이기에는
그 검고 메마르고 단단한 돌이 제격이었으리.
아버지는 누구를 위해 산사람이 되셨을까.
삼나무 웃자락 하늘을 덮고
까마귀 까옥까옥 울어예는데,
바다 저편에서는 배가 가라앉고
텔레비전에서 유족들이 오열하는 것을 보면
무어라고 할 것 없이 차오르는 눈물만.

－장이지, 『레몬옐로』, 문학동네, 2018. 부분

인간은 누구나 특정한 사회 혹은 집단 내에서 삶을 영위한다. 예컨대 '나'는 가족 구성원 가운데 하나이며, 서울시 시민 중의 하나이며, 대학생 중 하나다.

　　더 나아가 나는 한국인 중 한 사람이며, 동양인 중 한 사람이고, 지구인 중 한 사람이다. 그 한편으로 나는 남성이나 여성 중 하나이고, 백인이거나 흑인이거나 황인 중 한 사람이다. 이러한 집단 혹은 사회 내에서 벌어지고 있는 일들은 나와 결코 무관하지 않다. 사회적 이슈란 집단 혹은 사회에서 공통으로 관심을 가질 만한 쟁점을 말한다. 특히 한 사회를 이끌어나갈 예비 지식인이라 할 수 있는 대학생이라면 이러한 사회적 이슈에 그 정도가 어떠하든 주의하여야 한다. 예문은 현안들 가운데 하나인 '제주도 4·3 사건'과 '세월호 문제'를 병치하여 다루고 있는데, 글쓴이는 시인이다. 시는 제주도 4·3 사건이나 세월호 사건을 유족들의 입장에서 서정적으로 다루고 있다. 하지만 단순히 두 사건은 유족들만이 느끼고 극복해야 하는 사안은 아니다. 국가폭력, 국가 행정력 부재가 남긴 상처는 사건의 직접적 이해당사자뿐만 아니라 우리 공동체 전체가 동시대를 함께 하며 겪은 경험이고 상처이기 때문이다. 이 문제들이 남긴 유산들을 극복하기 위해서는 일차적으로 사회학, 역사학, 경제학, 정치학, 법학 등 학문적 접근을 통한 합리적 해결책을 강구할 수 있을 것이다. 그러나 동시에 여기에 시인의 마음처럼 직접적 상처의 당사자들에 대하여 공감하고 슬픔을 나눌 준비가 수반되어야 한다.

2) 생각의 실마리를 찾아서

지금까지 일상생활의 경험, 학문적 주제, 사회적 이슈에서 글감을 찾는 과정을 실제 사례를 통해 살펴보았다. 그런데 잊지 않아야 할 사실은 글감이란 말 그대로 글감에 불과하다는 점이다. 즉 글감은 풍부하고 창의적인 생각과 접목되거나 자료적 근거가 충분히 마련되지 않는 한 그저 글로 쓸 만한 재료 상태에 머물 뿐이다. 따라서 지금부터는 글감의 핵심적인 문제를 찾고, 자유롭고 창의적인 발상을 통해 글감을 확장하고, 구체적인 주제를 설정해 나가는 과정에 대해 알아보자.

(1) 핵심 문제 찾기

아래 예문은 학생들이 공동으로 작성한 글인데, 아직 본격적인 글쓰기를 진행하기 이전 단계의 상태라 문장 표현이 미숙하거나 글의 흐름이 자연스럽지 못한 곳들이 곧잘 눈에 띈다. 그렇지만 생각의 실마리를 풀어 나가는 과정이라는 점에 주목하면 상당히 흥미 있는 사례라고 할 수 있다. 아래 예문을 작성한 학생들은 담당 교수와의 상담 시간에 한국의 전래 동화와 민담에 대해 관심을 보였다. 특히 공상적인 이야기라 할지라도 전래 동화는 우리 선조의 생활이나 풍속과 깊은 관련이 있을 것이라는 데 주목하였다. 그래서 「효자와 호랑이」를 대표적인 사례로 들어 전래 동화, 전설, 민담 등에서 이와 유사한 이야기가 있거나 다른 이야기가 있는지 살펴보도록 권장하였다. 이 같은 안내에 따라 학생들은 차후에 '효란 무엇인가?', '설화 속에서 많은 소재를 제공해 주는 효', '호랑이가 전래 동화에 많이 등장하는 이유' 등의 제목 아래 각각 보고서를 제출하였다.

제목: 전래 동화 「효자와 호랑이」에 대하여

①전래 동화란 무엇인가

전래 동화는 특히 민담 가운데 많으며 공상적, 서정적, 교양적인 요소가 이야기의 주축을 이룬다. 이러한 동화는 그 민족의 생활, 풍속, 종교 등과도 깊은 관계가 있으며, 이야기를 좋아하는 어린아이의 심정에 호소하여 전래 동요처럼 구비의 방법으로 전하여 내려왔다. 인간과 비인간의 대화 및 비인간의 인간적 심리 등은 곧 전래 동화의 세계로서 인간적인 정서가 신이나 나무나 동물을 가리지 않고 작용하는 것이다. 이와 같은 동화는 문화의 발달과 더불어 구전 동화만으로는 만족할 수 없게 되면서 창작 동화가 발생하게 되었다.

②줄거리: 생략

③효란 무엇인가: 생략

④설화 속에서 많은 소재를 제공해 주는 효

한국 설화의 각 편들을 살펴보면 효에 대한 이야기가 많은 것을 한눈에 알 수 있다.

효라고 하면 대개의 사람들이 엄격한 유교 덕목에 입각한 것으로만 생각하기 쉽다. 하지만 우리나라는 규범으로서 유교가 들어오기 전인 신라 시대 때부터 효행을 하는 사람을 칭찬하고 여러 사람에게 효를 알리어 권장하여 왔다.

이렇듯 효란 우리 민족의 정서가 발달하는 초기부터 우리와 늘 함께하여 온 고유한 감정이기 때문에 다른 어떤 감정보다도 풍부한 이야기의 소재를 제공해 줄 수 있는 것이다. 또한 이야기를 읽고 접하는 사람 그리고 전달하는 사람에게 효라는 소재는 우호적인 감정을 불러일으킬 수 있기 때문에 더욱 좋은 소재로 꼽히는 것이다.

⑤호랑이가 전래 동화에 많이 등장하는 이유

호랑이는 범이라고도 한다. 우리의 옛 조상들은 '산신령', '산군'으로 불렀는데, 특히 백두산 인근에서는 '노야대부'로 호칭하였다. 12세기 문헌에 '호왈감'이라 하였는데 '감'은 중국에서만 발견되기 때문에 호랑이의 북방기원설의 근거가 되고 있다. 이에 따르면 호랑이는 기온의 저하와 더불어 다음 두 가지 길을 통하여 남하하였다. ㉮ 우수리에서 중국의 동북 지방으로 들어가고 남하하여 말레이 반도나 인도에 널리 퍼졌다. ㉯서쪽으로 진출한 호랑이는 중앙아시아와 이란에 이르러 아시아에 분포하게 되었다. 이와 같이 한대에서 열대에까지 분포되어 있어서 지방에 따라 형태나 크기가 상당히 다르며 각각은 아종으로 분류되어 있다. 열대 지방에 살고 있는 개체도 반드시 더위에 강하지 못하여 못이나 하천에 들어가서 몸을 식히는 일이 많은 것으로 미루어 호랑이의 기원은 추운 지방이라는 것이다. (중략)

호랑이는 인간의 효행을 돕거나 인간의 도움을 받으면 은혜를 갚고 성묘하는 효자를 등에 실어 나르거나 시묘살이하는 효자를 지키며 은혜를 갚기 위해 좋은 묏자리를 찾아주기도 한다는 속신이 있다. 이는 호랑이를 효와 보은의 동물로 묘사한 것이다.

문학에서 박지원의 「호질」, 유몽인의 「호정문」, 이광정의 「호예」에는 호랑이가 인간 사회를 질타 풍자하는 심판자로 등장하기도 한다.

- 추측 1: 호랑이에 대한 옛 조상님들의 공포가 관심으로 이어지고 이것이 동화로 이어진 것이라고 생각한다.
- 추측 2: 옛날에는 토테미즘이나 샤머니즘 등과 같은 신앙이 많이

있었다. 그 이유는 그 시절에 사람들이 의지할 수 있는 것은 신 같은 존재밖에 없었기 때문이다. 그래서 조선 시대에는 호랑이를 많이 숭배했다고 한다. 그렇기 때문에 호랑이가 동화에 많이 등장하게 된 것이다.

- 추측 3: 우리나라 전국 지도를 자세히 보면 호랑이가 누운 자세가 된다고 한다. 이렇듯 우리나라와 관련이 많은 호랑이를 신중히 여기기 때문에 동화에 많이 등장하게 된 것이다.
- 추측 4: 우리도 몇 백 년 전에는 호랑이가 집 근처에 많이 살았다고들 한다. 그렇기 때문에 자연스럽게 호랑이가 자주 보일 수 있었던 것이다. 그래서 이런 설도 내려오고 있다. 집에 오면서 모래가 날아오면 즉시 피해야 한다. 그 이유는 바로 호랑이가 모래를 뿌리기 때문이라고 한다.

위 예문을 보면 글을 쓰기 이전에 생각의 실마리를 풀어 간 여러 흔적들이 담겨있다. 우선 학생들은 ㉮한국의 전래 동화나 민담에 대해 보고서를 하나씩 작성하자는 데 동의한 뒤 ㉯서로 의견을 나누었다. 이때 이들이 제기한 문제의식은 전래동화에는 그 민족의 생활과 풍속이 반영되어 있지 않을까라는 것이다.(〈①전래동화란 무엇인가?〉) ㉰이를 바탕으로 담당 교수와 상담을 하여 「효자와 호랑이」라는 텍스트를 글의 주된 대상으로 삼았고, ㉱담당 교수의 권유에 따라 이 텍스트를 읽은 뒤(〈② 줄거리〉) ㉲'호랑이'에 대해 이와 유사한 방식으로 다룬 이야기가 있는지 혹은 다른 방식으로 기술한 이야기가 있는지에 대해 조사하였으며(〈⑤호랑이가 전래 동화에 많이 등장하는 이유〉 마지막 부분), ㉱그 한편으로 '전래동화', '효', '호랑이' 등에 대해서도 찾아보았다.(①과 ③ ④ ⑤) 그리고 ㉺이처럼 자료를 조사하는 과정 동안 언뜻 떠오른 생각들을 하나하나 기록해 두었다.(추측 1-4) 이러한 과정들을 통해 이 학생들은 각자 보고서에서 작성할 핵심 문제를 추출해 내었는데, 특히 비록 생뚱맞아 보일지라도 그때그때 떠오른 생각들을 빠짐없이 적어 두었다는 점은 고무할 만한 일이다. 왜냐하면 자유롭고 거침없는 발상은 핵심 문제를 형성하는 데 상당한 도움을 주기 때문이다.

(2) 자유 연상법

지금까지 글감을 찾고 생각의 실마리를 풀어 핵심 문제를 형성하는 과정에 대해 살펴보았다. 그리고 생각의 실마리를 풀어 나갈 때 자유롭고 창의적인 발상이 무척 중요하다는 점에 대해서도 함께 확인해 보았다. 여기에서는 글감 혹은 단편적인 생각들을 좀 더 풍성하게 만드는 방법에 대해 알아보고자 한다.

글감 혹은 생각의 실마리를 의미 있는 창조적 발상으로 전개하기 위해서는 흔히 자유 연상법(free association)이라고 일컬어지는 발상의 훈련이 필요하다.

자유 연상법이란 '어떤 말에 대해 곧바로 떠오르는 다른 말을 그 무엇에도 구애받지 않고 자유롭게 펼치는 방법'이라고 할 수 있겠는데, 브레인스토밍(Brainstorming), 생각의 그림(mind map), 생각의 기차 등이 그 대표적인 방법이다. 브레인스토밍은 주로 기업의 기획 회의에서 창조적인 아이디어를 얻기 위해 사용하곤 하는데, 그야말로 자유로운 발언을 거침없이 쏟아내는 것이다. 참고로 브레인스토밍은 1939년 미국의 광고 회사 부사장 A. F. 오즈번이 제창한 것으로 그의 저서 독창력을 신장하라 (1953)에 소개되어 있는데 그 원리는 다음과 같다.

①한 사람보다 다수인 쪽에서 제기되는 아이디어가 많다.
②아이디어의 수가 많을수록 질적으로 우수한 아이디어가 나올 가능성이 많다.
③일반적으로 아이디어는 비판이 가해지지 않을 때 많아진다.
　브레인스토밍에서는 어떠한 내용의 발언일지라도 그에 대한 비판을 해서는 안 되며, 오히려 자유분방하고 엉뚱하기까지 한 의견을 출발점으로 하여 아이디어를 전개해 나가도록 권하고 있다. 앞서 학생들이 작성한 예문을 통해서도 알 수 있듯이 자유 연상의 단계(추측 1-4)에서는 각 아이디어들에 대한 비판적 점검을 뒤로 하고 창조적인 발상 자체에 주목하여야 한다. 이 단계에서 정연한 논리를 요구하는 것은 오히려 창의적인 아이디어를 떠올리고 전개해 나가는 데 장애가 될 뿐이다. 브레인스토밍의 요체는 '얼른 생각하기'와 '마구 생각하여 말하기'다.

(3) 낯설게 보기

낯설게 보기는 글감이나 생각할 거리 등을 마치 처음 본 대상인 듯 여기는 방법이다. 이 방법의 장점은 이전까지 너무나 당연하게 여겨 미처 알아채지 못했던 여러 통념들을 쉽게 발견할 수 있다는 데 있다. 이는 곧 낯설게 보기가 문제의식을 형성하는 데 효율적인 방법이라는 사실을 의미한다.

> **예문**
>
> 사회학자이자 역사학자인 막스 베버(1864-1920)는 약 한 세기 전에 활동한 사람이지만 지금까지도 대단한 명성을 누리고 있다. 그것은 그가 출중한 능력을 갖고 많은 훌륭한 학문적 업적을 냈기 때문이다. 그러나 다른 이유도 있다. 그가 대표적인 유럽중심주의적 이론가의 한 사람으로서 서양인들에게 큰 우월감과 자부심을 안겨 주었기 때문이다.
>
> 사실 그가 평생토록 한 학문적 작업은 왜 유럽에서는 진보와 근대화가 가능했고 비유럽에서는 그것이 불가능했는가에 초점을 맞추고 있다. 그리고 그것을 종교, 봉건제, 도시, 관료제, 법제도, 국가형태, 자본주의 등 온갖 주제를 통해 증명하려 했다.
>
> 이때 그가 가장 중요하게 생각한 개념이 합리성이다. 유럽에는 합리성이 있어 그것이 가능했고 비유럽에는 그것이 없어 불가능했다는 것이다. 즉 유럽의 합리성과 비유럽의 비합리성, 전통성을 대비시켜 비유럽 세계의 후진성을 증명하려 하는 것이다. 그는 유럽은 이런 합리적 경향을 고대 그리스로부터 발전시켜 왔다고 믿었다. 그리고 그것은 유럽인들이 그렇게 되기를 원했기 때문이라는 것이다. 자본주의의 발전만 하

더라도 그는 그것을 합리적이라고 믿은 프로테스탄트(신교파)윤리와 결합시켰다. 즉 열심히 일하고 낭비하지 않고 돈을 모으려는 프로테스탄트들의 합리적인 태도에 의해 자본 축적이 가능했고 그것을 이익이 남는 건전하고 윤리적인 사업에 투자함으로써 자본주의를 발전시킬 수 있었다는 것이다.

이뿐 아니라 이런 합리성에 의해 그는 서양에서만 보편적인 의미와 가치를 갖는 문화가 발전할 수 있었고 서양에서만 과학이 발전했으며 체계적인 신학은 오직 기독교에서만 발전할 수 있었다고 믿었다. 반면 비유럽세계에서는 이런 합리적인 태도가 불가능했다. 아시아 사람들만 하더라도 그들은 고대로부터 초월적인 종교나 미신에 빠져서 스스로의 자신을 의식할 수 없었기 때문이다. 즉 자신과 외부 세계를 나누어 구분하는 자의식(自意識)이 없으니 세계를 객관적으로 볼 수 없고 따라서 합리적인 생각을 할 수도 없었다는 것이다. 그러니 아시아는 서양에 뒤떨어질 수밖에 없다는 것이다.

이렇게 그의 주장이 온통 유럽문명에 대한 찬양으로 뒤덮여 있으나 그런 주장들이 정당한 근거를 갖고 있는 것은 아니다. 그 주장들의 많은 부분이 비유럽세계에 대한 잘못된 정보, 무지, 편견에 의존하고 있기 때문이다.

  – 강철구, 「유럽중심주의 역사학은 누가 만들었는가」, 『프레시안』, 2017.10.25. 부분

위 예문은 『프로테스탄티즘의 윤리와 자본주의 정신』이란 저서를 통해 근대 자본주의 사회의 윤리적 토대를 제공했다고 알려진 막스 베버가 사실은 서구 중심주의 시각에 입각하여 당시의 세계를 얼마나 주관적이며 편협하게 설명했는가를 간략하게 소개하고 있다. 예문에 기술된 대로 베

버의 설명을 따라가다 보면 유럽 외의 모든 세계는 야만적이며 열등하다고 믿었던 100년 전 서구인들의 관점을 무심결에 받아들일지도 모르겠다. 그런데 예문에서 정작 문제 삼고자 하는 점은 이러한 관점과 설명을 우리가 은연중에 아무 의심 없이 내면화 하고 있다는 사실일 것이다. 여기에서 '우리'란 현대의 서구인들과 근대 이후 서구적인 사고방식에 익숙해진 모든 이들을 가리킨다. 아마도 20세기 초까지 이어졌던 제국주의와 식민주의가 남긴 역사적 유산의 산물일 것이다.

막스 베버의 설명은 18-19세기 유럽 사회의 급속한 팽창 및 발전이 이전 시기 장기간의 전 지구적 발전 속에서 여러 세기 동안 코스모폴리턴적인 문화의 교류 속에서 이뤄진 산물일 수 있다는 점을 철저하게 혹은 반(半)의도적인 무지로 생략하고 있다. 유럽인들이 근대 과학이라 간주하고 있는 기본 토대의 거의 모든 것이 800-1400년에 이르는 이슬람의 수학, 물리학, 화학, 의학 발전에 많은 부분 빚지고 있다는 사실은 그의 논의에서 찾아볼 수 없다. 적어도 1750년경까지도 유럽의 제품들이 품질과 가격 면에서 아시아 제품에 턱도 없이 부족했다는 사실은 무슨 이유인지 간과되고 있다. 나아가 1700년 수많은 유럽 국가들(남유럽과 동유럽)이 산업화의 흐름을 방해하거나 가로막는 종교와 권위주의적인 정부로 후퇴했다는 비합리적 사실은 외면받고 있다. 그가 강조하고 있는 합리적인 사고와 생각의 틀을 조금만 유연하고 철저하게 사고하여 관찰했다면 지구의 전체 모습이 시대와 지역에 따라 매우 다양하게 발전하며 때로는 경쟁하고 때로는 교류하며 상호 영향 속에서 발전하고 있었다는 사실을 충분히 인식할 수 있었을 텐데, '베버'는 이를 인정하지 않고 그저 자신이 살았던 당대 '유럽'의 발전상만을 절대화하여 유일하고 합리적이며 타당하고 올바르다고 주장했던 것이다. 따라서 예문을 통해 알 수 있는 사실은 여전히 이처럼 특수하며 지엽적인 사고방식, 즉 '유럽중심주의' 또는 '서구중심주의'를 보편적인 기준으로 삼아 세계의 모습을 보면 여러 모로 달리 살펴보아야 할 대상들이 무수하게 왜곡되어 비합리적으로 둔갑할 수 있다는 것이다.

3) 가상적 주제와 관점 설정하기

이제 글감과 핵심 문제가 어느 정도 정해졌다면 가상적 주제를 설정해야 할 것이다. 물론 이 단계에서 설정하는 가상적 주제는 향후 자료를 조사하는 동안 바뀔 수도 있다. 그러나 그렇다고 해서 가상적 주제를 정할 까닭이 충분하지 않다는 뜻은 아니다. 비록 가상적일지라도 일정한 주제를 정한 상태라야 자료를 조사하는 방향과 범위가 뚜렷해지고 차후 글에 적을 내용들을 구성할 때에도 편하다. 가상적 주제를 설정할 때 유의해야 할 점은 글감은 무엇인지, 문제의식은 무엇인지, 핵심 문제는 무엇인지 등이 명확해야 한다는 것이다.

한편 글감과 문제의식, 핵심 문제를 요령껏 헤쳐나갈 방법에 대해서도 어느 정도 방향을 잡아두어야 한다. 이를 일반적으로 방법론이라고 한다. 그런데 방법론은 익히 잘 알고 있는 바와 같이 귀납법이라든지 연역법과 같은 일반적인 방법론뿐만 아니라 실증주의적 방법론, 역사주의적 해석법, 정신분석학적 접근법, 페미니즘적 태도 등 특정 관점에 기댄 방법론까지를 일컫는 말이다.

따라서 방법론을 선택한다는 것의 본질적 의의는 자신이 어떤 관점에서 이 세계를 바라보는가를 표현한다는 데 있다. 요컨대 방법론의 선택은 글 쓰는 이의 관점, 세계관, 이데올로기의 문제다. 그런 만큼 방법론을 선별할 때에는 자신이 어떤 관점에서 이 세계와 대상을 마주하는지 스스로 점검하고 반성해 보아야 한다. 그런데 방법론에 대해 흔히 오해하는 것이 하나 있는데, 그것은 방법론 자체를 마치 진실(truth)처럼 생각한다는 것이다. 방법론은 원칙적으로 그것이 무엇이든 글감 등을 효과적으로 처리하는 기술이다. 즉 방법론은 그 자체가 진실이 아니라 진실을 향해 나아가는 길인 셈이다. 따라서 여러 방법론들 가운데 하나를 선택할 때에는 무엇보다 그 효용성 즉 대상에 대해 이해하고 분석하는 데 얼마나 효과가 있는가에 초점을 맞추어야 한다.

모성(motherhood)을 예로 들어 방법론 혹은 관점의 효용성에 대해 생각해보자. 모성은 흔히 본능에 속한다고 하지만, 전체주의자와 페미니스트는 각각 그 입장에 따라 달리 의미를 규정한다. 전체주의자 가운데 특히 나치주의자들은 훌륭한 국가 구성원을 생산하고 양육하는 일에 전념하는 상태를 일러 '모성적'이라고 한다. 이런 관점에 따르자면 여성은 국가 구성원을 낳고 훈육하는 기제에 지나지 않는다. 이에 대해 온건하건 급진적이건 어느 페미니스트라도 동의할 수 없을 것이다. 페미니스트들 가운데 일부는 모성은 여성을 옭죄는 남성중심주의의 산물에 지나지 않는다고 생각한다. 또한 모성에 대해 긍정적인 입장을 표명하는 페미니스트라 할지라도 나치주의자들 식의 관점은 결국 남성적 폭력에 불과하다고 판단할 것이다. 이처럼 동일한 용어라 할지라도 바라보는 관점 그리고 그에 따른 방법론에 따라 대상에 대한 판단에 차이가 있을 수밖에 없다.

그리고 이러한 관점의 차이는 곧 특정 문제에 대한 문제를 제기하는 계기가 된다. 예컨대 자식의 성공을 위해 자신의 일생을 희생하는 어머니를 두고 진정 모성적 여성이라고 말할 수 있을까 없을까와 같은 문제 제기 말이다. 아마도 페미니스트라면 이에 대해 상당한 비판을 가할 것이다. 이러한 비판은 지난 시절 한국 사회에서 모성이라는 신화 아래 억압당해 왔던 여성의 삶을 새롭게 바라보게 만들며, 현재 여성의 자기 기획을 위해 상당한 기여를 한다고 볼 수 있다. 읽을 만한 가치가 있는 글을 쓰기 위해서는 효과적인 방법론을 구성할 줄 알아야 하며, 자신이 어떤 관점에 서 있는지를 언제나 되돌아볼 줄 알아야 한다.

2. 자료의 수집과 편집

1) 자료 찾기

지금까지 글쓰기의 전 단계라 할 수 있는 생각 만들기 과정에 대해 여러 모로 살펴보았다. 지금부터는 자신의 생각을 설득력 있는 글로 전개할 수 있도록 구체적인 근거를 찾는 작업에 대해 알아보고자 한다. 글의 신빙성을 높이고 자신의 주장과 의견에 무게를 더하기 위해서는 여러 타당한 객관적 자료들을 구비해야 한다. 그렇다면 객관적이고 신뢰할 만한 훌륭한 자료들을 효과적으로 찾는 방법은 무엇일까?

예를 들어 아무것도 없는 검은 박스가 있다고 가정해보자. 그 실체가 무엇인지를 알기 위해 각자 다양한 방법으로 접근을 시도할 것이다. 무게나 부피는 어느 정도인지, 내용물은 무엇인지, 그리고 그 내용물을 인식할 수 있는 방법은 무엇이고 과연 타당한지 등등 끊임없이 질문의 형식과 내용을 변화시키며 실체에 다다르기 위해 애쓸 것이다. '방법(how)이 내용(what)을 결정한다'라는 말이 있다. 이는 실체의 본질적 내용이 별다르게 존재하는 것이 아니라 곧 실체를 찾아나가는 방법이나 과정 그 자체가 실체의 본질적 내용을 구성한다는 의미다. 자료 조사 또한 마찬가지다. 즉 어떤 검색어를 기반으로 조사하느냐에 따라 얻을 수 있는 자료의 양이나 질은 달라지게 마련이다. 자료 검색이란 이처럼 자신이 가지고 있는 생각에 합당한 근거를 제시하기가 쉽지 않을 때 가능한 여러 방법들을 총동원하여 타당성 있는 근거에 이르는 과정을 말한다.

(1) 도서관 이용법

각 대학에서는 학생들의 글쓰기 과정과 문제 해결 능력을 신장하기 위해 온라인과 오프라인을 병행하는 도서관 검색 시스템을 구축하고 있다. 지금은 온라인상에서 도서관 자료를 쉽게 활용할 수 있게 되면서 시공간상의 제약을 초월하여 수시로 광대한 자료의 세계에 도달할 수 있다. 도서관 활용에 대한 숙련된 인식은 곧 글과 사유의 발달로 이어지므로, 도서관 이용법을 숙지하는 일은 매우 중요하다.

도서관에서 흔히 그리고 가장 쉽게 자료를 탐색하는 방법은 홈페이지 상단의 '통합검색'을 이용하는 '주제어' 검색이지만, '상세검색'에 들어가면 그보다 압축된 결과를 얻을 수 있다. 광운대학교 중앙도서관에 소장된 자료들은 '전체, 단행본, 학위논문, 연속간행물, 멀티미디어, 기사' 등의 항목들로 구분되어 있으며, '상세검색'의 검색어는 '서명, 저자, 발행처'

광운대학교 중앙도서관 홈페이지

등의 항목들로 나뉘어 있다. 일반적으로 검색어를 입력하는 방법은 '서명' 또는 '저자' 항목에 검색어를 적어 넣어 그 결과를 기다리는 것이다.

그런데 도서관 '소장 자료'에 대한 이러한 검색을 통해 얻은 결과가 그다지 만족스럽지 못할 때가 있다. 이따금 검색 결과가 지나치게 방대하거나 반대로 적은 경우 혹은 검색 결과가 아예 부재하는 경우가 발생하는 것이다. 하지만 검색 결과가 처음부터 자신이 활용하기에 충분할 정도로 적당한 양과 질적 수준을 갖춘 채 나타나 줄 것이라는 기대는 갖지 않는 게 오히려 바람직하다. 따라서 검색어를 선정하는 일만큼이나 검색 결과를 조절하는 일도 중요하다.

만약 검색 결과가 지나치게 많다면 우선 '결과 내 검색'을 통해 검색

광운대학교 중앙도서관 홈페이지

범위를 좁히는 방법이 있다. 한편 광운대학교 중앙도서관의 경우에는 ‘자
료 유형(전체, 단행본, 학위논문, 연속간행물, 멀티미디어, 기사)’, ‘수록
정보(전체, 원문, 영상, URL)’, ‘언어(전체, 한국어, 영어, 일어, 불어, 독
어, 중국어, 러시아어, 기타)’, ‘주제 구분(자연과학, 기술과학(응용과학),
예술, 총류, 철학 및 심리학, 종교학, 사회과학, 언어학, 문학, 지리학 및
역사학, 종교, 어학)’, 그리고 발행 연도 등을 제한할 수 있는 시스템이
구축되어 있는데, 이를 잘 활용하는 것도 좋은 방법이다. 그런데 검색 결
과가 너무 방대하여 검색 결과를 좁히고자 할 때에는 혹 중요한 자료가

국가전자도서관 홈페이지

누락되지 않도록 신중히 판단해야 한다. 이와 반대로 검색 결과가 아예 없거나 빈약하다면 일단 검색어를 다시 설정해야 할 것이다. 새로 설정하고자 하는 검색어는 대체로 이전 검색어의 상위 개념일 때 효과적이다.

가끔 도서관의 자료가 이미 대출된 상태여서 열람하지 못하는 경우가 있는데, 이때에는 광운대학교 중앙도서관 홈페이지 하단에 제공되는 '관련 사이트 보기'를 활용하여 외부 도서관 등을 이용하는 방법도 있다. 이곳을 클릭하면 국립중앙도서관이나 국회도서관을 포함한 각종 도서관 등에 소장된 자료를 쉽게 확인할 수 있다. 그리고 인터넷 허브사이트인 국가전자도서관에서는 국내의 거의 모든 도서관들의 자료를 검색할 수 있다. 참고로 광운대학교 중앙도서관 이용법에 대한 좀 더 상세한 안내는 광운대학교 중앙도서관 홈페이지 '팝업존'의 '중앙도서관 이용안내'에서도 확인할 수 있다. 그리고 광운대학교에서는 별도로 온라인을 통해 '도서관 이용 교육'을 실시하고 있으니 참조하기 바란다.

● 주요 도서관 및 유관 기관 사이트

국가전자도서관 http://www.dlibrary.go.kr/
국립중앙도서관 http://www.nl.go.kr/
국회도서관 http://www.nanet.go.kr/
법원도서관 http://library.scourt.go.kr/
한국과학기술정보연구원 http://www.kisti.re.kr/
한국교육학술정보원 http://www.keris.or.kr/
국가지식포털 http://www.knowledge.go.kr/
한국역사정보통합시스템 http://www.koreanhistory.or.kr/
통계청 http://kostat.go.kr/portal/korea/index.action

(2) 자료 찾기의 자세

지금까지 도서관 이용법에 대해 대략적으로 살펴보았다. 다음으로는 자료를 찾을 때 갖추어야 할 자세에 관해 생각해보자. 우선 자료를 찾을 때에는 ①일반적인 것에서 구체적인 것으로 찾아 나가야 하며, ②가까운 대상에서 먼 대상으로 점점 확장해 나가야 한다. 그리고 ③자료의 종류와 성격, 내용, 활용도 등에 따라 그때그때 분류하여 정리해 두어야 한다. 이 단계들 중에서 ①과 ②는 각각 구체적인 주제의 선정 및 주제들 사이의 비교를 통한 논의의 심화를 위한 것이다. 반면 단계 ③은 입론의 방향과 관련된다.

예컨대 자료를 찾아 정리하다 보면 간혹 자료를 찾기 이전에 설정해 둔 (가상적) 주제라든지 핵심 문제, 관점, 더 나아가서는 글감 자체를 바꾸어야 하는 경우가 발생한다. 이는 자료를 찾고 검토하는 과정 동안 견지해야 할 자세를 알려준다. 자기반성적 태도와 유연함이 그것이다. 쉽게 말하자면 자료를 찾고 검토하면서 자신이 쓰고자 설정한 글감과 주제, 핵심문제, 관점 등이 올바르고 합당한지에 대해 끊임없이 되물어보고 만약 조금이라도 의심이 든다면 보류하거나 철회할 줄 아는 자세를 갖추어야 한다는 뜻이다. 글을 쓰는 일도 중요하지만, 글을 쓰기 위해 여러 자료들을 찾아보고 그것에 대해 궁구하고 자신의 생각을 수정·보완해 나가는 일이 더 중요할 수밖에 없는 까닭은 그것이 곧 탐구하는 자의 태도이기 때문이다.

자료를 찾고 검토하는 과정 동안 글감과 주제와 핵심 문제, 관점 등이 바뀔 수 있다는 점을 고려한다면 아무리 귀찮다 하더라도 그때마다 자료를 재분류하고, 필요한 자료들을 보완하는 일을 꾸준히 병행해야 한다. 이를 위해 비록 한 줄 정도일지라도 자료에 대한 논평을 쓰는 습관을 들이는 것이 좋다. 단 유의해야 할 점은 자료에 대한 논평은 궁극적으로 자신의 글쓰기에 보탬이 되도록 적어야 한다는 것이다. 즉 자신이 쓰고자 하는 글에 어떤 점에서 어느 정도의 활용가치가 있는지 잘 판단하여 메모해 둔다면 여러 모로 도움이 될 것이다. 더 나아가 당장 글쓰기에 필요하지 않은 자료라 할지라도 자료 카드를 만들어 정리해두는 버릇을 들이면 이후 다른 글을 쓸 때 시간과 노력을 절약할 수 있으니 자신에게 알맞은 자료 카드 형식을 만들어 두는 일은 반드시 필요하다.

그런데 자료를 찾는 일에 익숙하지 않거나 쓰고자 하는 글감 등에 대한 사전정보가 그다지 많지 않을 경우 흔히들 인터넷을 통해 자료를 찾는데, 사전조사라면 모르되 오로지 인터넷 검색을 통해 자료를 수집하는 행위는 부적절하다. 왜냐하면 인터넷 검색을 통해 얻은 자료의 대부분은 그 출처가 불분명하고 공신력이 떨어지기 때문이다. 무엇보다 자료를 작성한 사람이 누구인지 알 수 없는 경우가 흔하며, 비록 자료 작성자가 명기되어 있더라도 신뢰할 만한 사람인지 아닌지 판단하기 어려울 때가 많다. 또한 인터넷 자료의 대부분이 여러 글들을 짜깁기한 것이기 때문에 원래 출처를 확인하지 않는 이상 자료로 사용할 수 없는 경우가 상당하다. 따라서 글을 쓸 때에는 인터넷에 떠도는 자료는 되도록 사용하지 않는 것이 바람직하다. 그렇다고 해서 인터넷을 통한 정보 조사가 전혀 쓸모없다거나, 아예 조사 자체를 하지 말라는 뜻은 아니다. 인터넷을 통해 여러 정보들을 참조하는 일은 유의미하다. 그렇지만 인터넷을 통한 정보 조사는 사전조사에서 그쳐야 한다.

그리고 각종 인터넷 포털 사이트들에서 제공하는 학술 원문 자료들은 국가 혹은 민간 차원에서 수집, 정리해 둔 자료들을 상업적으로 판매하는 것이다. 게다가 그 양 또한 국립중앙도서관 등에서 제공하는 학술 원문 자료들에 비하면 초라하기 짝이 없을 만큼 적다. 따라서 조금 수고롭더라도 각종 도서관 등의 홈페이지에서 자료를 검색하고 원문 서비스를 통해 자료를 구하든지 직접 자료를 찾아나서야 할 것이다.

참고로 자료는 대체로 일차 자료와 이차 자료로 나뉜다. 일차 자료는 글쓰기의 직접적 대상에 해당하는 자료를 말하며, 이차 자료는 일차 자료에 대해 이미 다른 사람이 직간접적으로 다른 글이나 일차 자료를 가공하

● 자료 카드 예시

활용도	★★★☆☆
자료의 분야	-큰 분류: 사회과학 -중간 분류: 노동문제 -작은 분류: 프레카리아트(불안정한 청년 노동 문제)
자료의 형태	단행본
서지 사항	아마미야 가린, 김미정 역, 『살게해줘』, 미지북스, 2017.
핵심어	노동, 청년, 프레카리아트, 불안정성, 빈곤
중요 구절	- P.15: 우리는 이제 생존의 권리조차 박탈당하고 있다. 개인의 가치가 시장 원리로만 환원되고, 인간의 목숨보다 경제가 우선시되는 사회 속에서. 왜 지금 일본의 젊은이는 폭동을 일으키지 않느냐고들 한다. 그러나 폭동은 이미 일어나고 있다. 산발적이고 또 폭발적인 모습으로. 이미 히키코모리라 불리는 100만여 명이 노동을 거부하고 집안에 틀어박혀 있다. 니트족이라 불리는 50만 명이 조용히 파업을 일으키고 있다. 보이지 않는가? 지도자 하나 없이, 누구의 지침도 없이, 젊은이들이 그냥 이렇게 이 사회를 포기하고 있다.
다시 검토해 볼 점	- 일본의 프리터들과 한국 젊은이들의 아르바이트 현실을 직접 비교할 수 있을까? (p.21 참조)
연관 자료	- 가이스탠딩, 김태호 역, 『프레카리아트』, 박종철출판사, 2014: 찾아볼 것. - 우석훈 외, 『88만원 세대』, 레디앙, 2007: 대조하기 좋은 책.
논평	- 일본 내의 프리터, 워킹 푸어, 홈리스, 과로 자살 등 2000년대 일본 사회가 신자유주의적으로 크게 선회하면서 심화된, 삶의 불안정함의 문제를 꼼꼼하게 잘 파악해서 보여주고 있다. - 현장 경험 중심으로 기술되어 이론적 분석에 대한 다른 책의 도움이 필요할 것 같다.
기타 활용 방안	- 헬조선, n포세대 등 한국적 실정이 단순하게 우리에게만 국한된 일이 아니라 전지구적 문제의 관점에서 살펴볼 가치가 있다는 시사점을 주고 있다.

기 위해 필요한 자료를 뜻한다. 예컨대 '중국의 동북공정'에 관해 한 편의 글을 쓰고자 할 경우 일단 동북공정의 뜻과 동북공정이 언제, 왜, 누구에 의해 시작되었는지, 동북공정이 한국과 중국 간의 관계에 어떤 영향을 끼쳤는지에 대해 조사해 보아야 할 것이다. 그리고 동북공정은 역사와 관련된 문제이니 만큼 역사란 무엇인지에 대해서도 생각해봐야 할 것이며, 그간 역사를 해석하는 방법들과 최근 역사에 접근하는 여러 관점들도 살펴보아야 할 것이다. 더 나아가 동북공정은 비단 역사 해석의 문제에서 그치지 않는 국제정치적 사안이니 만큼 국가이데올로기에 대해서도 잘 알고 있어야 할 것이다. 이 경우 일차 자료는 동북공정 자체에 대해 다룬 자료들이고, 이차 자료는 역사라든지 역사 해석, 국가이데올로기 등에 관해 기술한 자료들이라 할 수 있다.

● 자료 카드 작성 시 유의할 사항

①활용도: 활용도는 아래의 사항들을 종합적으로 검토하여 판단한다.

②자료의 분야: 자료의 분야는 큰 분류, 중간 분류, 작은 분류 등으로 나누어 설정하는 것이 좋다. 분류의 기준은 각자 정하도록 하자.

③자료의 형태: 자료의 형태를 구분하기 위해서는 자신이 주로 취급하는 자료가 어떤 형태인지부터 잘 알고 있어야 한다. 즉 주로 문헌 자료를 다룰 때에는 단행본, 연구 논문, 일반 평론 등으로 나눌 수 있다.

④서지 사항: 서지 사항은 자료의 출처를 밝힐 때 반드시 필요한 항목들이니 꼼꼼히 기재해 둔다.

⑤핵심어: 핵심어는 자료의 활용도를 높이기 위해 반드시 두 개 이상을

적도록 한다.

⑥중요 구절: 자료 가운데 눈여겨보아야 할 구절이나 문장을 직접 적거나 해당 페이지 수를 적는다.

⑦다시 검토해 볼 점: 자료 가운데 미처 이해를 하지 못한 부분이나 의심이 가는 부분을 적는다.

⑧연관 자료: 더 찾아볼 자료나, 내용상 상당한 관련이 있는 자료의 서지 사항을 적는다.

⑨논평: 쓰고자 하는 글과 관련하여 짧은 논평을 적는다.

⑩기타 활용 방안: 자료의 내용과 형식, 특징, 장점 등 가운데 달리 활용할 만한 가치가 있다면 그 내용을 적는다.

※자료 카드는 글 쓰는 이가 자료를 정리하고 글을 쓸 때 필요한 사항들을 체계화하는 데 목적이 있으므로 자신에게 꼭 필요한 정도의 항목들로만 구성하여 작성하면 된다. 그렇지만 자료의 분야, 서지 사항, 핵심어, 중요 구절 등은 중요 항목들이니 이는 빠짐없이 기재해야 한다.

● 자료 카드 작성 시 필요한 서지 사항들

①단행본: 저자명, 단행본명, 출판사명, 출판 연월일, (초판이 아닌 경우에는 초판의 출판 연월일과 해당 판수 및 해당 판수의 출판 연월일).

②학술대회 발표논문집: 발표자명, 논문명, 엮은이(혹은 기관)명, 논문집명, 발행 기관명, 발행 연월일.

③학술대회 발표 초록: 발표자명, 논문명, 학술대회 주최자(혹은 기관)명, 학술대회명, 학술대회 장소, 발표 연월일.

④연구 논문: 저자명, 논문명, 학술지명, 권호수, 발행 기관명, 발행 연월일.

⑤학위논문: 저자명, 논문명, 학위 수여 기관명, 학위 수여 기관 소재지, 학위 종류, 발행 연월일.

⑥저널에 실린 일반 평론: 저자명, 평론명, 저널명, 발행처명, 발행 연월일.

⑦특허: 특허권자명, 특허명, 특허 번호, 출원 국가명, 특허 허가 연월일.

⑧연구보고서: 보고자명, 보고서명, 보고서 번호, 보고 연월일.

⑨전자문헌: 전자주소, 접속 일자, 프로젝트나 데이터베이스의 제목, 편집자명, 갱신 일자, 후원 업체나 기관의 명칭, 개인 홈페이지의 경우 사이트를 만든 사람 이름.

⑩CD: 저자명, CD명, CD의 총 개수(전집류 CD의 경우), 제작 기관명, 제작연월일.

⑪텔레비전이나 라디오 프로그램: 프로그램명, 제작자명, 방송사명, 방송 연월일.

⑫녹음테이프나 비디오테이프, 필름: 제목, 제작자명, 제작 기관명, 제작 연월일.

⑬그림이나 사진: 작가명, 작품 제목, 소장 기관명, 소장 도서 제목, (사진의 경우 촬영 연월일).

⑭영화: 감독명, 영화명, 영화 제작사명, 개봉 연원일(혹은 제작 연원일).

2) 자료의 선택과 평가

일반적으로 좋은 자료는 ①쓰고자 하는 글의 목적에 부합해야 하며, ②글감과 주제를 잘 뒷받침해 줄 수 있어야 하며, ③합리적이고 공정해야 하며, ④풍부하고 다양해야 하며, ⑤출처와 근거가 분명해야 하며, ⑥공신력이 있어야 하며, ⑦참신해야 한다. 그리고 자신이 찾은 자료를 선택할 때에는 ①근거 자료로써 얼마나 활용도가 있는가, ②글의 주제와 얼마나 상관성이 있는가, ③글쓰기의 전체적인 목적에 얼마나 적합한가 등을 따져 보아 결정해야 한다.

(1) 근거 자료로써의 활용도

자신의 생각과 주장을 읽는 이에게 효과적으로 전달하고 설득하기 위해서는 충분한 근거가 필요하다. 자료의 우선적인 목적과 의의는 무엇보다 근거로써 얼마나 활용도가 있는가에 있다. 자료의 활용도를 높이기 위해서는 신뢰할 만한 자료여야 한다. 즉 자료 작성자가 그 방면의 전문가인지, 자료 자체가 널리 쓰일 만큼 믿을 만한지 등에 대해 면밀히 살펴야 한다.

스스로 합당하다고 여기는 수많은 생각과 선험적인 판단만으로 좋은 글이 될 수는 없다. 자신의 생각과 판단이 타인들의 동의를 얻어내려면, 단순히 자료를 제시하는 정도에서 그쳐서는 안 된다. 그들의 잠재적인 비판을 예상하고, 그러한 비판에 흔들리지 않는 요건을 가진 근거들을 마련해야 된다. 요컨대 자신이 지닌 생각과 판단을 한 편의 글로 전환하는 작업에는, 가상의 비판적 독자를 설정함으로써 그들이 제기할 수 있는 반론에 대한 선제적인 대처까지 요청된다. 수많은 자료들 가운데 이러한 요청에 응할 만한 정확하고 명증한 자료를 선택하기 위해서는 글 쓰는 이 스스로 엄격한 비판자(독자)의 입장에 서서 자료들에 대한 객관적인 평가를 수행할 수 있어야 한다.

아래 예문은 "주요 국가의 스크린 독과점 해소와 영화 다양성 보장"에 대해 논하고 있는데, 네 가지의 사례를 들어 설명하고 있다. 각각의 사례들이 글에서 어떤 역할을 하고 있는지에 대해 함께 생각해보자.

예문

주요 국가의 스크린 독과점 해소와 영화 다양성 보장

미국의 파라마운트 판결에 의한 수직통합의 해체가 미국 영화산업에 미친 영향에 대해서는 부정적으로 보는 시각이 있는 것도 사실이나, 그럼에도 불구하고 우리는 미국의 사법부가 파라마운트 판결을 통해 단호한 조치를 취함으로써 독과점 기업으로 인한 각종 폐해를 방지하고자 하였다는 점은 존중하여야 할 것이다. 아래 기술할 주요 4개국의 독과점 해소와 영화 다양성 보장 정책은 앞으로 우리가 이 문제를 해결하는 데 참고할 수 있는 요긴한 선례가 될 수 있을 것이다.

… 중략 …

(1) 미국

미국은 슬라이딩 부율제(Sliding Scheme)가 활성화돼 있다. 슬라이딩 부율제란 배급사 극장 간 수익배분비율인 부율을 고정하지 않고 시간이 지남에 따라 유동적으로 변화시켜 영화 상영다양화 유인을 제공하는 방식이다. 즉, 극장과 제작·배급사가 극장 수입을 나누는 비율을 시기에 따라 자연스럽게 변동시키는 것이다. 미국의 경우 배급사—극장 간 부율을 9:1로 시작하여 기간에 따라 3:7까지 차등 적용한다. 슬라이딩 부율제는 영화 상영기간이 길어질수록 극장에 할당되는 수입이 많아진다는 점에서 한 영화의 장기 상영을 유도한다. 또한 광역배급과 스크린 독과점 현상 및 배급사가 투자자금을 회수할 수 없는 폐단을 개선하는 데 도움이 된다.

(2) 프랑스

프랑스는 국립영화센터(CNC) 시행령 No. 83-13 제8조, 제13-1조에 의거하여, 한 영화가 과도하게 많은 스크린을 점유하지 못하게 하고 있다. 국립영화센터는 멀티플렉스 설립·운영 승인 전에 특정 영화의 집중 상영을 제한하는 내용으로 해당 사업자와 약정을 체결한다. 그 내용은 14개 이상의 스크린을 가진 극장에서 주당 한 영화의 상영 횟수가 전체 상영 횟수의 30% 미만이어야 하며 최대 4개관에서만 동시 상영이 가능하다. 그러나 약정 위반 시 제재조치 등 이행강제를 위한 직접적 수단은 없으며, 다만 각종 지원 사업에서 불이익을 주는 우회적 방식의 이행강제만을 실시하고 있다.

(3) 영국

영국은 2005년 이후 저예산 비주류영화(specialised film)의 활성화를 위한 지원정책으로 디지털 스크린 네트워크(DSN) 프로젝트를 운영하고 있다. 이는 복권기금에서 지원되는 정부보조금으로 전국 240여 개의 스크린에 디지털 프로젝트를 포함한 디지털 시네마용 장비와 서비스를 제공하는 대규모 디지털 시네마 사업이다. 이 디지털 스크린 네트워크(DSN)에 참여하는 영화관은 영국 영화위원회(UKFC)와 디지털 시네마용 장비를 공급받는 대가로 사업이 진행되는 4년 동안 일정 비율의 비주류영화를 의무 상영하기로 계약하게 되고 이에 대해 동 위원회의 감독을 받는다.

(4) 독일

독일은 연방영화진흥청(FFA)이 독일예술영화관에 대해 재정 및 배급을 지원한다. 즉, 독일예술영화관 조합에 가입된 300여 개의 극장을 대상으로 예술전문상영관의 유지 및 예술 영화의 원활한 배급·유통을 위한 지원을 한다. 그리고 매년 예술적 가치가 있는 영화를 기획·상영한 극장을 대상으로 포상하고 시설개선을 위한 무이자 대출을 지원한다. 또한 배급사의 마케팅자금 지원과 예술영화의 원활한 유통을 위한 각종 국제 국내영화제 지원을 통한 예술영화 배급지원도 한다. 독일은 전체 극장의 10분의 1 이상이 예술영화전용 상영관이고 그 외 정규적으로나 비정규적으로 예술영화가 기획되어 상영되는 극장의 수는 전체 극장 수의 22%에 달한다.

참고문헌

권영성, 『헌법학원론』, 법문사, 2001.
권오승 외 7인 공저, 『독점규제법(제2판)』, 법문사, 2012.
김미현·김난숙·송규봉·김현수·류형진, 『예술영화관 지원정책 연구』, 영화진흥위원회, 2004.
박귀련, 『영화산업과 법』, 도서출판 우리글, 2010.
성낙인, 『헌법학(제16판)』, 법문사, 2016.
이천현, 『독점규제법위반행위에 대한 형사법적 대응방안』, 한국형사정책연구원, 2013.12.

임영철, 『공정거래법-해설과 논점』, 법문사, 2007.

한수웅, 『헌법학(제6판)』, 법문사, 2016.

홍성방, 『헌법학(개정5판)』, 현암사, 2008.

계희열, 「우리 헌법상의 평등권」, 『법학논집』 제33집, 고려대학교 법학연구원, 1997.

김남철, 「영화산업의 경쟁력강화를 위한 영화법제의 과제-스크린쿼터제와 조례제정의 필
　　　요성을 중심으로」, 『공법학연구』 제8권 제3호, 한국비교공법학회, 2007.8.

김남철, 「영화산업진흥을 위한 공법적 과제」, 『법학연구』 제46권 제1호, 부산대학교 법학연
　　　구소, 2005.12.

김성경, 「한국 영화산업의 신자유주의 체제화-2000년대 이후의 한국 영화산업의 정치경
　　　제학」, 『민주사회와 정책연구』 통권 제19호, 민주사회정책연구원, 2011.

김성훈, 「스크린 독과점 문제, 어떻게 할 것인가?」, 『영화부산』 제7호(통권 제57호), (사)부
　　　산영상위원회, 2013.10+11+12월호.

김수갑, 「문화국가를 위한 법체계 검토」, 『문화정책논총』 제18집, 한국관광문화연구원,
　　　2006.

김수갑, 「한국헌법에서의 「문화국가」 조항의 법적 성격과 의의」, 『공법연구』 제32집 제3호,
　　　한국공법학회, 2004.2.

김수갑, 「헌법상 문화국가원리에 관한 연구」, 고려대학교 박사학위논문, 1993.

김철, 「뒤르케임의 아노미이론과 평등권에서의 기회균등: 기초법적 연구」, 『사회이론통권』
　　　제34호, 한국사회이론학회, 2008.

김휴종, 「한국 영화산업과 독과점 이슈」, 『문화경제연구』 제7권 제2호, 한국문화경제학
　　　회, 2004.12.

김휘정, 「한국 영화시장 독과점 현상의 쟁점과 해소 방안」, 『이슈와 논점』 제704호, 국회입
　　　법조사처, 2013.8.

류시조, 「한국 헌법상의 문화국가원리에 관한 연구」, 『헌법학연구』 제14권 제3호, 한국헌법
　　　학회, 2008.9.

류형진, 「영화산업 독과점, 무엇이 문제인가」, 『한국영화 동향과 전망』 통권 제78호, 영화진
　　　흥위원회, 2008.6.

류형진·도동준, 「영화산업 독과점 현황과 공정경쟁질서 확보 방안」, 『이슈 페이퍼』
　　　2006-05, 영화진흥위원회, 2006.9.

박명수, "문화기본법안(김장실의원 대표발의) 검토보고", 국회 교육문화체육관광위원회,
　　　2013.6.

박영도, "현행 문화관련법령체계의 과제", 〈문화법 수요 및 문화법제 정비방향 세미나〉,
　　　한국문화관 광연구원·중앙대학교 문화예술법센터, 2007.10.4.

　　　　　　　- 송승은, 「한국 영화산업의 수직통합 및 독과점화에 대한 공법적 대응」,
　　　　　　　『홍익법학』 제17권 제4호, 홍익대학교 법학연구소, 2016.

(2) 주제와의 상관성

　자료는 주제와 밀접한 관련이 있을 때 그 가치가 빛난다. 따라서 글에 직접 자료를 제시할 때에는 자신이 설정한 주제가 무엇인지를 정확히 파악하고 있어야 한다. 만약 주제와 동떨어진 자료를 인용한다면 글 자체의 신뢰도가 떨어진다. 한편 자신이 조사해 온 자료들에 대해 너무 엄격하고 비판적인 독자의 입장에서만 자료를 선별하다 보면 정작 스스로 설정한 주제에 대해 자신감 있는 글을 쓰기 어려울 때가 종종 있다. 더 나아가 비판적인 문제 제기에 지나치게 신경을 쓰다 보면 나 아닌 그 누구도 자신 있게 근거를 제출할 수 없는 공통적인 난제 내지 해결 불가능한 원론적 문제에까지 불필요하게 논의를 확장시키다 결국 주제를 제대로 드러내지 못한 채 미궁에 빠지는 글이 되곤 한다. 요컨대 자신이 쓰고자 하는 글의 주제를 명확히 인식하고 있어야 하며, 주제를 효과적으로 드러낼 만한 자료를 확보하고 솜씨 있게 배치할 줄 아는 능력을 평소 쌓아두어야 한다. 아래 예문은 컴퓨터 게임 속에 내재한 문학적 특성을 다루고 있다. 예문에 제시된 자료들이 주제를 드러내는 데 효과적인지 아닌지 생각해보자. 그리고 조금 더 보완해야 할 자료가 있다면 무엇인지 토론해보자.

　많은 컴퓨터 게임들은 문학에서 아이디어를 얻거나 소재로 채용될 뿐만 아니라 소설 작품을 원작으로 삼아 개발되고 있다. 기존의 문학작품이 게임에 영향을 가장 크게 준서사적 요소는 소설, 신화, 전설과 같은 서사문학 장르의 스토리이다. 그밖에도 스토리 구조라든가 소재, 등장인물 또한 게임의 개발에 영향을 주었다고 할 수 있다. 사실 컴퓨터 게임을 문학과 관련짓는 데는 여러 가지 이견이 뒤따를 것이다. 하지만 게임의 텍스트가 문자 형태로 이루어진 문학 텍스트의 외형과 크게 다르지만, 문학에서의 텍스트와 독자와의 관계에서 생겨나는 '효과'라는 측면에서는 유사하다고 볼 수 있다. 다시 말해서 게임에서는 게이머가 게임 수행 과정에서 가지게 되는 지각의 양태와 메커니즘, 그리고 그러한 효과를 창출하는 게임 텍스트의 일반적 특징, 게임의 여러 가지 형태가 차례로 설명되는 순서를 밟게 된다. 물론 게이머가 게임을 수행할 때 그는 문학 작품의 독자와는 달리 실제적인 행위를 하고 있으며, 동시에 게임 제작자가 만들어 놓은 가상의 세계에 함몰된다. 컴퓨터 게임의 문학적 특성을 이해하는 데 있어서 우선적으로 고려해야 할 것은 '상호작용성'과 '스토리'이다. 게임에서 게이머는 하나의 캐릭터 역할을 맡음으로써 스토리 속의 사건을 만드는 데 직접 참여하며, 그 역할을 성공적으로 수행하기 위해 자신의 능력을 키우기도 하고 능동적으로 사건을 일으키기도 하며, 결과에 대해 울고 웃는다. 사건들은 남의 일이 아니라 바로 게이머 자신의 일이 되는 것이다. 이렇듯 게이머가 게임에 몰입하는 것은 바로 상호작용성, 즉 상대방과 서로 간에 특정한 힘의 작용을 주고받는 관계를 나타내는 쌍방향성에 말미암는다. 또한 게이머의 정서적 반응을 일정하게 조절할 수 있는 요인으로 '스토리'를 들 수 있는데, 어떤 사물에 대한 정보나 지식을 전달하기 위해서는 게임에 스토리 형식을 도입하는 것이 필수적이다. 이는 인간의 감정·정서가 특정한 목표와의 관련 속에서 발생한다는 인지심리학의 연구 성과에 의해 지지된다.

한편, 컴퓨터 게임은 대부분의 문학 작품에서 볼 수 있는 인과관계가 내재한 사건의 연쇄나 일관된 행동을 제시하지 않는다. 이런 연유로 문학에 비해 서사 형식기반이 약하다는 평가를 받는다. 이른바 게임은, 아리스토텔레스가 시학(제7장)에서 설명하고 있는 스토리 구성의 기본조건인 처음, 중간, 끝 가운데, 처음과 끝만 제시한 채 중간 부분은 게이머가 채워 넣어야 한다. '처음'은 게임의 캐릭터들이 활동할 수 있는 시간적 공간적 무대를 제공하고, 그들의 행동규범이나 문화를 설명해줘야 하며, 게이머가 도달해야 할 목표로서의 '끝'은 어떤 가치 개념을 나타내는 것으로 캐릭터의 모든 행동에 대한 의미를 부여한다. 이를 통해 게임은 사건 발생의 기초 조건과 최종 목적만을 제시한다는 것을 알 수 있다. 컴퓨터 게임이 지니고 있는 문학적 특질을 검토하기 위해 살펴야 할 게임의 종류는 무수히 많다. 초기 게임에서는 게임의 규칙이나 설정된 상황, 캐릭터의 형태가 매우 추상적이고 상징적인 의미를 지니다가, 게임의 형상화 기술이 발전하면서 점차 복잡해지고 구체화되는 양상이 나타난다. 이를 게임의 문학적 형태와 관련지어 살펴보면 다음과 같다. 첫 번째로 액션게임인데, 이 게임에서의 게이머가 하는 역할은 행위 주체의 역할이며, 컴퓨터가 행하는 역할은 무조건 객체의 역할이다. 두 번째로 어드벤처 게임은 액션 게임에 비해서 행동의 길이가 길고 플롯이 복잡해진 행위를 나타내는 형식으로, 그 행위들 속에 지성이 중요한 요인으로 자리 잡고 있다. 또한 퍼즐이나 아이템을 통해서 문제를 해결하게 하는 것은 이 지성적 요인의 개입을 단적으로 말해주는 것이다. 이 게임의 행위의 주체와 객체는 고정되어 있다. 세 번째로는 롤플레잉 게임으로, 이 게임은 일종의 전기 형식인데, 사건의 주체와 객체가 모두 변화할 수 있다. 각자 능력에 변화를 갖는 여러 캐릭터들이 조성하는 상황, 바꿔 말해서 변화하는 상황 속에서 주체의 행위가 이루어지는 것이다. 어드벤처 게임보다 더 많은 세계 체험을 주기는 하지만 결국 특정한 목표에 도달해야 한다는 점에서는 어드벤처 게임과 동일한 성격을 지닌다. 그리고 네 번째로는 시뮬레이션 게임이다. 주체와 객체 사이의 갈등 구조를 중심으로 만들어지던 게임을 벗어나 새로운 형태의 서사구조를 시험하는 대표적인 장르이다. 목표에 도달하는 일보다도 행위의 과정 자체를 즐길 수 있도록 하는 형태의 이 게임이 등장하면서 컴퓨터 게임의 개념 자체 정립이 새로워졌다. 이 게임의 증식을 통해 컴퓨터 게임이 내포하고 있는 문학적 특성은 좀 더 다변화할 가능성이 높다고 본다.

– 송재홍 외, 「컴퓨터 게임 및 시나리오에 관한 고찰」,
『한국컴퓨터게임학회 논문집』, 한국컴퓨터게임학회, 2002. 부분

(3) 글쓰기의 전체적인 목적에 대한 적합성

　　자신의 생각을 합리적으로 뒷받침할 만한 근거를 탐색하고, 글의 주제를 웅변하기 위해 충실한 근거 자료를 제시하는 것과 같은 일련의 과정들은 궁극적으로는 글쓰기의 전체적인 목적과 부합해야 한다. 즉 자신이 어떠한 근거로 어떠한 주제를 설파하든지 그것은 곧 지금 이 한 편의 글을 쓰고 있는 자신의 근본적인 동기 내지 목적의식에 합목적적으로 기여하는 것이어야 한다는 말이다. 같은 주제의 글을 쓰더라도 어떠한 상황에서 어떠한 시점에 쓰느냐에 따라 글쓰기의 목적은 사뭇 다르게 전개될 수 있기 때문이다.

　　아래 예문은 장석원의 「리듬과 소쉬르」라는 글의 일부다. 소쉬르가 제시한 언어의 특성과 시·언어·리듬의 특성이 어떻게 연동하는가를 살펴본 이 글에서 그는 일반적인 선입견과 달리 리듬이 형식적인 도식이 아니며, 영원성을 추구하지도 고정되지도 않는다고 주장한다. 즉 리듬의 본질은 하나의 원칙이 아니라 다항을 구성하는 복수성, 즉 의미작용 전체를 관할하고 조직하는 힘이라는 것이다. 이에 비추어 예문에 실린 근거들이 어떤 효과를 발휘하고 있는지 생각해보자. 또한 예문에 실린 근거들 가운데 다른 맥락으로 사용할 수 있는 근거가 있다면 그 맥락은 무엇일지에 대해서도 생각해보자.

　시는 음악과 미술을, 청각과 시각을, 리듬과 이미지를 보유한다. 시의 의미는 표현된 언어의 사전적 의미를 총합한다고 해서 얻어지지 않는다. 의미를 일상 언어에서 강력하게 이탈시키는 비유를 예로 들지 않아도, 시의 의미는 표현된 그것들의 산술로 얻어지지 않는다. 시의 의미는 언어들 전체 합을, 언제나, 초과하거나 미달한다. 시에는 음악과 미술, 청각과 시각, 리듬과 이미지가 존재하지만 그것이 실제의 소리와 형태는 아니다. 시의 표현 도구는 언어이다. 언어로 표현되는 예술이 바로 시이다. 시는 오로지 언어로 표현될 수 있을 뿐이다. 시의 장르적 개방성이 다른 예술적 표현을 가능하게 하지만, 시의 본질은 언어이다. 기호들 중에서 가장 중요하고 가장 널리 사용되는 언어가 시의 도구이다. 시의 재료는 언어이다. 시의 의미 역시 언어에 의해 구성된다. 시의 미학 역시 언어가 지시하는 의미의 움직임에 의해 축조된다. 시 텍스트는 언어로 표현된 그것과 그 언어 바깥의 비언어적인 것으로 조직되지만, 언어가 있기에 시는 언어의 없음조차 시의 내부로 끌어들인다. 언어가 먼저이다. 언어가 시의 핵심이다. 언어 이외의 리듬 생성 요인은 없다고 말해도 과언이 아니다. 때문에 언어로 표현될 수 밖에 없는 시의 리듬 역시 언어의 본질적 특성에 대한 이해 없이 파악될 수 없는 것이다. 언어의 이해는 리듬의 이해 나아가 시의 이해에 선행한다. 언어의 본질에 대한 천착이 시의 리듬 논의에 반드시 필요한 이유이다. 리듬의 전제 조건은 언어이다. 언어의 본질을 이해하기 위해 소쉬르의 언어학이 필요하다. 소쉬르가 근대 언어학의 아버지라는, 그의 언어학에 의해 구조주의가 태동했다는 사실은 우리의 논의에서 중요하지 않다. 우리의 관심은 리듬에 있고, 리듬의 본질에 닿기 위해 우리는 언어에 초점을 두고 있다. 그것을 이루기 위해 소쉬르가 언명한 언어의 본질을 살펴본다. 앞에서 제기한 리듬론을 둘러싼 여러 가지 혼란을 불식시키기 위해, 리듬의 본질과 앞으로의 리듬 논의가 지향해야 할 것들을 찾아보기 위해, 우리는 소쉬르로 돌아가야 한다. 시의 리듬은 언어만으로 구성되는 리듬이다. 시를 구성하는 단위들이 개별적으로 작동하여 시의 리듬이 생성하는 것은 아니다. 리듬은 단어와 단어의 병렬적 나열이 아니라, 문장을 단위로 삼는다. 한 문장은 다른 문장을 연결한다.

나아가 문장들의 연합이 이루는 시 텍스트 전체가 하나의 디스쿠르(discour)를 이룬다. 언어를 구성하는 낱낱의 요소(langue, 언어)와 이것들이 합쳐져 구성하는 발화(parole)를 이해하기 위해 소쉬르의 언어학이 필요하다. 시를 구성 하는 언어들은 랑그와 빠롤이 아니라, 실제 소통되는 언어상을 일컫는 언어활동(langage)으로 확장된 실제들이다. 우리가 제시한 랑그, 파롤, 랑가쥬, 디스쿠르 등등의 개념과 시적 리듬의 본질에 대한 이해의 계기가 소쉬르의 언어학 개념으로 견인된다. "기호란 정신적 실체로서의 관념이나 물리적 실체로서의 음성이 아니라, 그 사이를 '서로 맺어주는 어떤 형식'"이라는 소쉬르의 테제에서 우리는 리듬의 특성을 떠올린다. 리듬은 관념이 아니다. 리듬은 물리적 소리에서 발생하지 않는다. 리듬은 언어를 배치하는 일종의 통사적 시스템이다. 리듬이 통사와 체계를 통과하여 차이에 의한 의미의 역동적 생산으로 귀결된다는 것에서 우리는 소쉬르의 언어학 이론이 리듬의 본질과 다르지 않음을 확인한다.

– 장석원, 「리듬과 소쉬르」, 『국제어문』 제73집, 국제어문학회, 2017. 부분

3) 자료의 편집과 글의 흐름에 대한 예상

자신이 쓰고자 하는 글의 주제와 목적, 의도 등에 따라 자료를 선별한 뒤 그것을 편집하는 과정을 거쳤다면 향후 자신이 쓸 글의 흐름을 어느 정도 예상할 수 있는 정도에 이르렀다고 할 수 있다. 흔히 이를 두고 '자료가 말을 하는 경지'라고도 표현한다. 즉 자료의 우선순위와 인과관계를 따져 자료를 배치할 위치를 정하고 자신이 쓰고자 하는 바에 따라 자료의 적당 부분을 편집하는 구성 작업 자체만으로도 이미 한 편의 글이 취할 전체적인 흐름을 가늠할 수 있다는 뜻이다.

(1) 자료의 편집과 재구성

도서관을 이용하는 등의 방법을 통해 얻은 자료들은 글쓰기의 목적에 적합한 최적의 상태로 편집되지 않는 한 도리어 글의 흐름을 난삽하게 해서 글의 본래 목적이 무엇인지 혼란스럽게 만들 우려가 있다. 글에 너무 많은 자료들을 나열하는 경우는 대체로 글쓴이가 자료들을 충분히 이해하지 못한 상태에서 무차별적으로 제시하였을 때 발생한다. 이외에도 자신이 애써 찾은 자료들을 모두 소개하고 싶은 욕심 때문에 자료의 경중을 따져 보지 않은 채 인용했을 때나, 자신이 쓰고자 하는 주제를 명확히 정해 놓지 않고 성급하게 글쓰기를 시작했을 때에도 불필요한 자료들이 많다는 비판을 면하기 어렵다. 이에 반해 글이 지나치게 빈약한 자료들로 채워진 경우는 글쓴이 스스로가 그만큼 자료 조사를 성실하게 하지 않았다는 사실을 고백하는 셈이 된다. 따라서 자료를 제시할 때에는 글을 쓰는 목적과 주제에 적합한 정도에서 간략하게, 그리고 최상의 자료들만 엄선해야 한다.

자료를 선별한 다음 그것을 재구성하는 작업은 무엇보다 그 자료가 어떤 맥락 속에 들어가야 제 역할을 다하며 자료로서의 가치를 발할지에 대해 제대로 파악하는 일에서 결정된다. 여기에서 '자료를 재구성한다'는 것이 자료를 함부로 훼손하거나 짜깁기해도 된다는 의미로 오해해서는 절대 안 된다. 자료는 다른 사람이 공들여 이루어 놓은 지적 재산이다. 따라서 자료를 자기 마음대로 잘라 편취해서는 안 된다. 또한 자료 자체의 의미를 왜곡하는 일도 잘못이다. 자료를 재구성한다는 것은 자신이 필요한 만큼 자료 가운데 일부나 전체를 옮겨 오는 것과 그렇게 따온 자료들을 자신이 쓰고자 하는 글의 흐름에 따라 온당하게 배치한다는 뜻이다. 그리고 힘들여 얻은 자료라 할지라도 글의 목적 등에 부합하지 않거나 읽는 이의 주의력을 환기하기 어렵다면 과감히 버릴 줄도 알아야 한다. 그런데 간혹 동일한 자료라 할지라도 다른 사람의 글 속에서는 별로 효과적이지 않은 데 비해 어떤 사람의 글에서는 그 가치가 훌륭하게 빛나는 경우가 있다. 이는 자료 자체의 가치도 중요하지만, 때로는 자료를 어떤 방식으로 활용하는가에 따라 그 의미가 달라진다는 점을 보여준다.

한편 자료 탐색 과정이 중요한 까닭은 자료를 조사하고 선별하는 동안 몇 가지 그럴듯한 주제들을 얻을 수 있기 때문이다. 따라서 미리 주제를 설정해 두고 거기에 부합하는 자료들을 찾을 때에도 자료들 자체에서 들리는 목소리에 귀를 기울여야 한다. 예컨대 글을 직업적으로 쓰는 이들 가운데에는 주제를 먼저 정해 두고 필요한 자료들을 찾아다니기보다는 자료들을 조사하면서 글의 주제와 방향을 잡아 나가는 경우가 흔하다.

그렇지만 아직 글을 많이 써 보지 않은 이들은 자료를 조사하기 이전에 가상적일지라도 주제를 어느 정도 설정해 두어야 혼란을 겪지 않는다.

아래 예문은 '디지털 문학의 작가와 독자의 상호작용'이란 주제를 다룬 학생의 글로 아직 초고 상태다. 예문에 제시된 자료들은 글쓰기의 목적에 적합한지, 그리고 그 정도는 충분한지 등에 대해 생각해보자. 만약 더 보완해야 할 자료들이 있다고 생각한다면 어떠한 점에서 그러한지에 대해 토의해보자.

예문

디지털이 본격적으로 도입되면서 문학과 삶이 관계를 맺는 방식은 이전과 확연히 달라졌다. 아직까지도 디지털과 기존문학 결합에 부정적인 시선을 보내는 사람들은 소설이라는 전통적인 양식의 현재 위치는 '외줄타기를 걷는 양상이다. 문학의 본질을 해치는 디지털과의 결합으로부터 빨리 벗어나야 한다'라고 말한다. 이는 빠르게 변화하는 사회와 동등한 시선을 갖는 것에 대한 귀찮음으로 무장한 구시대적 발상일 뿐이다. 디지털시대에서는 더 이상 작가의 독단적인 행동을 원치 않는다. 독자에게 글을 쓸 의무를 부여받은 채 대의적인 면모를 실행에 오던 작가에게 위기가 찾아온 것이다. 작가와 독자 사이의 경계가 모호해지면서 양방향의 글쓰기가 가능해지게 되었고 기존의 능·수동의 도식에서 탈피하여 언제든지 누구나 글쓰기에 참여가 가능하게 된다. 기존의 독자들에게 글을 써내려 갈 공간과 기회가 마련되자 그들은 미디어상에 작가로 출현하게 되었다. 글쓰기가 작가들만의 전유물이라는 생각은 파괴되고 있으며 굳이 작가라는 타이틀을 갖지 않아도 '나'로 인한 '나'에 대한 이야기들은 표현할 수 있는 곳들이 무궁무진 해졌다. 그러므로 작가는 독자이며 독자는 작가인 셈이다.

　웹소설에서 이러한 작가와 독자의 관계 변화가 뚜렷이 드러난다. 읽는 소설에서 보고 소통하는 소설로의 변화가 일어난 것이다. 기존 출판 소설은 페이지를 넘기며 작가가 쓴 글을 일방향적으로 읽고 상상하는데 머물렀지만 웹소설은 디지털을 통해 유통되므로 소설에 대한 코멘트와 비평을 다는 방식을 취하면 작가는 피드백을 적용하여 독자의 요구에 부합하는 결과물을 제시할 수 있게 되었다. 독자들은 작가로서의 권위 대신 독자와의 대화를 선택한 작가들과 더불어 인터넷이라는 매체를 통해 이전과는 다른 문학의 신영역을 개척해 간다. 이 과정에서 독자는 새로운 작가들로 탄생하기도 한다. 다양한 플랫폼이 제시되면서 작가와 독자들의 소통하는 자발적인 참여 또한 증가한다. 여기서 언급하는 작가의 개념은 전문적인 등용문을 거치지 않고 본인의 글을 쓰는 기존의 독자들을 모두 포함한다. 기존의 독자의 활동범위를 소비의 영역으로 제한했더라면 현재는 디지털과의 결합을 통해 단순히 소비해버리는 문학이 아니라, 직접 삶 속에서 발견하고 실천하는 문학을 추구하고자 한다. 그간 독자라는 입장은 돈을 주고 구매하고 사는 소비자의 측면만 강조됐다. 기존에 한국 문학, 출판을 이루고 있는 주요 구성 요소의 문제점이었다. 이와 같은 소비의 형태를 변화시키기 위해 플랫폼이 다양하게 등장하고 있다. 그렇게 기존의 소비자들은 또 다른 작가와 독자의 형태가 등장하는 플랫폼에 익숙해지고 있다.

　그렇다면 과연 웹문학 즉 웹소설에 익숙해진 현재의 독자들도 소비자의 형태를 띠던 과거의 독자들과 마찬가지로 단순히 미학적이며 인문학적인 요소들에 매혹이 될 수 있을까.

　문학(소설)읽기에 요구되는 미학적, 인문학적 성찰과 같은 본질적인 의미는 디지털이 문학과 결합되면서부터 더 이상 중요치 않게 되었다. 독자들은 인문학적인 성찰 이외의 다른 것들을 작가에게 요구하기 시작했다. 독자가 작가로 전환할 수 있다면 기존의 작가가 제공하는 미학적인 실효성에 얽매일 이유가 사라진 것이다. 굳이 타인의 생각을 규격화시켜 놓은 곳에 발을 담고 고개를 끄덕일 의향이 없어진 것이다. 최근의 독자들이 '고유한 자기'로 명명할 수 있는 작가들의 자기 표현이나 내면의 고백 등에 더 이상 흥미를 느끼지 않을 뿐만 아니라, 오히려 타인의 자아표현과 접촉하는 것에 대해 불쾌를 느낀다는 분석도 존재한다. 작가가 이미 출판해 놓은 책을 선택할 때 독자들은 그동안에 자신이 읽기를 욕망했던 분야를 선택한다. 하지만 여기서 선택함과 동시에 나머지 요소들은 배제되어 버리고 독자의 생각이 더 나아갈 수 있는 가능성은 상실되기 마련이다. 예를 들어 정신분석학에 대한 학구적인 욕망을 충족하고자 '프로이트 정신분석학 입문'을 선택한다고 했을 때 본 책을 썼을 때 작가가 고려한 다른 주변적인 요소들은 정신분석학이라는 큰 틀로 인해 삭제되어버린다는 것이다. 그렇게 된다면 작가가 무엇을 진정 쓰고 싶어하는지, 독자가 읽고 싶어 했던 본래의 이유 외에 다른 것들은 생각할 틈조차 없이 선택했다는 이유만으로 프레임 속으로 스스로의 생각을 가둬버리게 된다. 이렇듯 강제적으로 타인의 자아표현과 접촉하는 과정에서 불쾌가 발생하는 것이다. 하지만 첫 문단에서 말한 바와 같이 공론장의 조건은 크게 변동되었다. 더 이상 일방향적인 관계에서 작가의 프레임을 강요받지 않아도 될 공간이 마련되었다. 김미정 평론가는 다음과 같이 말한다.

"누구나 정보를 수신, 발신할 수 있는 새로운 미디어가 편재하면서, 실제로 전문가와 비전문가의 격차도 평평 해져간다. '미디어된 존재'인

우리의 말과 감각과 감수성은 계속 미세하게 동요하는 중이며 안정되고 잘 작동되었던 재현체계가 여기저기에서 흔들리기 시작한다. 문학장을 향해 직접 자신을 발화하고 욕망을 주장하기 원하는 새로운 독자들은, 문학의 여러 제도나 관념과 교섭하기 원할 것이다."

독자들에게 재현체계 중독으로부터 빠져나와 상호적인 공간 내에서 스스로를 드러낼 수 있는 디지털과 교호하는 것에 대한 중요성을 다시 한 번 상기시켜준다.

이러한 그들에게 작가로부터 주어져야 할 것은 그동안 작가가 주장해오던 미학적인 실효성도, 제도적인 관념도, 그 어떠한 것도 아닌 스스로 판단할 토대를 만들어 줄 만한 단순한 정보가 아닐까 생각한다. 물론 이에 따른 비판도 존재한다. 독자에게 정보전달 기능이 중요해졌다면, 지금 웹소설에서 장르문학이 주류를 이루고 있다는 것에 특이점이 온다고 말한다. 문학에 대한 요구가 그 뿐이라면 지속적으로 논의 되는 전통적인 소설 양식의 쇠퇴는 잠재적으로 명백해 보인다. 그렇다면 군이 정보전달을 위해서 소설을 쓰거나 읽는 일은 사실상 비효율적인 것이 아닐 수 없다. 이명원 문학평론가는 소설이라는 매개로 변형을 가하지 않은 채 직접적인 서술을 통한 정보전달이 오히려 효과적일 텐데 그럼에도 불구하고 쓰여지는 문학은 무엇을 위한 문학인가라며 비판을 가한다.

필자가 말하고 싶은 것은 문학이 제공하는 요소들이 그 어디에도 국한되지 않을 때 디지털문학이 만연한 지금 시대에 독자가 원하는 것을 충족시켜줄 수 있다는 것이다. 기존 작가가 주장하던 모모든 것 배제하자는 말이 아니다. '미디어된 존재'의 우리에게 기존의 작가들이 주장하고자 했던 미학적인 실효성뿐만 아니라 타인의 생각과 접촉하는 것에 대해 권태를 느끼게 된 독자들에게 단순한 정보제공 기능을 하는 문학을 제공함으로써 독자를 환기시킬 전환점을 부여하자는 것이다.

참고문헌

김명석, 성신여대 교수, 『멀티미디어 시대의 작가 연구-다시 작가란 무엇인가』.
김미정, 「흔들리는 재현·대의의 시간-2017 한국 소설의 안팎」, 『문학들』, 2017.
류현주, 「문학의 진화 : 경계와 소진 그리고 발전」, 『디지털과 스토리텔링』, 부산외국어대
　　학교.

- 학생글에서

　　다음 예문은 한국 여성의 지위와 관련해서 상충되는 내용을 담은 두
국제기구의 통계 발표 및 그로 인한 논란에 대해 기술하고 있다. 이 예문
을 통해 자료 조사 방법에 따라 결과가 어떻게 변할 수 있는지, 그리고
자료 해석이 어떤 의미를 지닐 수 있는지에 대해 생각해보자.

예문

한국여성의 지위 통계 23등과 115등, 뭐가 맞나

성불평등지수와 성격차지수 '극과 극' …양성평등 제도 개선 필요

　　23등과 115등. 국제사회에서 한국 여성 지위 통계다. 전자는 유엔개
발계획(UNDP)의 성불평등지수(GII·Gender Inequality Index)의 순위
이고, 후자는 세계경제포럼의 성격차지수(GGI·Gender Gap Index)의
순위다. 지난달 강남역 살인사건 발생 후 벌어진 논란에서 이 통계자료
들은 각각 다른 근거로 '동원'되고 있다. 언론에 주로 노출되어온 것은
후자다. 2015년 통계에서는 그 전 해(2014년, 117등)에 비해 두 단계 올
라선 순위이지만 세계경제포럼이 조사대상으로 삼은 145개국 중에서 하

위권을 벗어나지 못하고 있다. "한국 여성의 지위가 악화되고 있다"는 내용을 담은 기사에 인용된 이 수치에 대해 UNDP의 성불평등지수는 하나의 반박근거로 제시되고 있다. "한국은 여성에 대한 불평등이 현저하게 개선된 나라이며, 이제는 실제 남성에 대한 역차별이 나타나고 있는 단계"라는 주장의 근거로 이 통계자료가 인용되기도 한다.

실제 UNDP의 인간개발보고서 2015년판의 성불평등지수 항목을 보면 순위가 매겨진 전 세계 188개국(북한, 마샬군도, 모나코, 나우루 등 7개국은 자료 미비를 이유로 순위에 미포함)은 저(Low)개발과 중(middle)개발, 고(High)개발군으로 나누고 있는데, 한국의 경우 그 윗 단계인 최고로(Very High) 개발된 49개국에 들어간다. UNDP 기준으로 성평등국가 1위는 슬로베니아다. 2위는 스위스, 3위는 독일이다. UNDP의 지표는 2010년부터 발표되어 왔다. 한국은 발표 첫해에 20위를 기록하고, 2011년에는 11위, 2012년도에는 27위를 기록했다. 성불평등지수가 발표된 이래한 번도 최고개발국을 벗어난 적이 없다.

성격차지수에 대한 남성들의 불만

그런데 세계경제포럼의 성격차지수에서는 반대 현상이 벌어지고 있다. 2006년 첫 발표 때 115개국 중 92위를 차지했고, 이후 97위(2007년), 108위(2008년), 115위(2009년)를 기록했다. 2010년 104위로 살짝 올라섰지만, 다시 107위(2011년), 108위(2012년), 111위(2013년), 117위(2014년)로 지속적으로 악화되었다. 성불평등 또는 격차를 다룬 국제지표가 왜 이런 상반된 양상을 보이는 것일까.

"세계경제포럼의 지표가 매년 10월 말쯤에 발표되는데, 기사가 나올 때마다 주로 남성들로 추정되는 누리꾼들의 댓글들이 많이 달린다. 아니, 한국 사회가 이렇게 여성들이 살기 좋은 사회가 되었는데, 성불평등이 악화되었다는 것이 말이 되느냐는 것이다." 국회 입법조사처 조주은 입법조사관의 말이다.

왜 두 지수 사이에 차이가 이렇게 벌어지는 것일까. 일단 각각의 지수를 내는 지표가 서로 다르다는 것이 확인된다.

UNDP 성불평등지수의 근거가 되는 지표는 총 다섯 가지다. 모성사망비, 청소년 출산율, 국회의석 중 여성의원 성비, 중등교육 이상 교육을 받은 인구비율, 그리고 경제활동참가율이다. 한국의 경우 보건이나 청소년 교육 수준이 높기 때문에 앞의 두 지표에서 높은 점수를 받는다. 통계의 근거가 된 2013년 임산부 사망률은 10만 명 당 27명으로, 미국(28명)보다 적다. 청소년 출산 역시 2.2%로, 상위국 중에서도 기록적으로 낮다.

반면 세계경제포럼의 성격차지수의 지표는 상대적으로 많다. 성격차지수는 크게 여성의 경제참여와 기회, 교육성취도, 건강과 생존, 그리고 정치권한 등 네 가지 영역으로 구분해 구성된다. 영역별로 국가별 순위를 매긴다.

지표들 역시 국가 순위를 매기고 있다. '여성의 경제참여와 기회'는 다시 경제활동참가율 성비, 유사업무를 했을 때 임금성비, 추정소득 성비, 행정·관리직 성비(공직뿐 아니라 민간 포함), 전문·기술직 성비의 지표로 구성된다. '교육성취도'는 문해율(Literacy rate), 초등·중등·고등 취학률 성비로 집계된다. '건강과 생존'은 출생성비·건강기대수명성비로, '정치권한'은 국회의원 성비·내각에서 여성 비율·최근 50년간 국가나 주(州)에서 여성 수반의 재임기간 세 지표로 구성된다.

전체 145개국 중 115위를 기록한 2015년 한국의 성격차지수 표를 보자. 2015년이 현재까지는 가장 최신 자료다. 145개국 중 1위를 차지한 지표가 둘 있다. 문해율과 건강기대수명이다. 하지만 나머지 지표들은 최하위권을 벗어나지 못하고 있다. 지표 중 가장 최하위는 내각 여성 비율로, 130위다. 그 다음은 출생성비로 128위다. 유사업무 임금은 116위다. '경제참여와 기회' 영역에 묶여 있는 지표들 중 국가 순위가 가장 낮은 것이 이 유사업무임금 순위인데, 영역 전체 순위는 125위로 더 낮게 평가되는 것도 특이하다.

혹시 집계가 잘못된 것은 아닐까. 실제, 인터넷 뉴스 댓글 등에서 쏟아져 나오는 지표에 대한 비판은 UNDP의 여성불평등지수보다도 세계경제포럼의 성격차지수에 대한 것이 압도적이다. 이를테면 116위를 기록하고 있는 고등 취학률의 경우 한국 남성은 군입대로 인한 휴학도 취학이 유지되는 것으로 반영되기 때문에 실제 취학한 숫자보다 많이 계산된다는 것이다. (실제 2015년 인덱스의 경우 남성의 취학률은 109%로 제시되어 있다.) 유사업무 임금의 경우도 비판받을 소지가 없지 않다. 2015년 보고서를 보면 구체적으로 남녀 비율이 제시되어 있는 다른 결과물과 달리 이 지표에는 각각 성비가 제시되어 있지 않다. 유사한 동일 직종에 대해 동일임금을 받고 있는지 측정할 수 있는 방법이 없는 것이 아닌데도 세계경제포럼의 결과는 서베이, 즉 일정한 샘플링에 기반한 여론조사에 바탕해 수치를 내고 있다.

성격차지수 비판 여성부가 먼저

그런데 재미있는 것이 있다. 성격차지수에 관한 인터넷 비판들을 보면 이 자료를 활용하는 사람들로 '여성부와 꼴페미'를 호출한다. 여성가족부와 일부 여성학자 등이 이 자료를 근거로 한국에서 여성 불평등이 심화되고 있다고 주장한다며 '신뢰할 수 없는 통계수치의 자의적 이용'이라고 비판한다. 그런데 위의 성격차지수에 대한 '비판'의 출처는 다름 아닌 여성가족부였다. 여성가족부 여성정책과가 2013년 10월 25일에 낸 '2013년 세계 성격차 보고서의 한국 순위(111위) 보도 관련 설명자료'의 붙임자료를 보면 앞서 누리꾼들이 제기한 '고등교육기관의 취학률 문제'와 '유사업종의 임금격차 문제'가 제기되어 있다. 이 설명자료에서 여성가족부는 이렇게 덧붙이고 있다. "…또한 정부는 성격차 지수 산정 시 우리 상황과 다르게 평가되고 있는 유사업종 남녀 임금격차, 고등교육기관 취학률 등 통계지표에 대한 개선을 추진하고 있음.", "조윤선 여성가족부 장관은 2013년 5월 31일 WEF(세계경제포럼)를 방문하여 클라우스 슈밥 회장 및 관계자와 면담하여 문제를 제기하였고, 여성정책조정회의(국무총리 주재) 산하 양성평등 TFT를 통해 관계 부처와 협력하여 통계지표에 대한 개선방안을 마련하여 WEF, 유네스코 등과 협의하고 있다."

2014년 1월 7일, 다시 여성정책과가 낸 보도자료에 따르면 "성격차지수를 발표하는 세계경제포럼과 연계해 사회 각 분야가 참여하는 민관협의체 구성을 추진하기로" 했다. 실제 세계경제포럼은 양성평등 프로그램의 일환으로 일본 등 3개국에서 양성평등 태스크포스 운영을 지원해왔는데, 한국도 동참하기로 했다는 것이다. 이 프로그램은 민관 합동으로 100명 규모로 구성해 3년간 한시적으로 운영하도록 되어 있다.

그 후 2년이 지났다. 이 태스크포스는 어떻게 되었을까. 여성가족부에 확인해봤다. 이 TF는 '여성인재 활용과 양성평등 실천 TF'로 이름을 바꿔 2014년 6월에 발족했다. 2017년 6월에 종료되는 한시적 프로그램이다. 정부와 민간기관을 포함해 참여한 기관은 117개. 홈페이지(www.genderparity.go.kr)도 있다. 성격차지수를 2014년 0.635에서 2017년 0.716, 약 8%를 끌어올린다는 목표를 설정하고 있다. 한국여성단체연합, 여성단체협의회 등 대표적인 여성단체들도 이름을 올리고 있지만 주로 참여하는 기관은 민간기업과 공기업이다. 14개 기업·기관·단체의 대표로 공동의장단을 구성한다고 되어 있지만, 공동의장단 명단에 여성단체는 없다. 여성가족부 관계자는 "아무래도 많이 관심을 가지고 참여하는 쪽이 기업이나 공공기관이기 때문에 (기업 위주로) 그렇게 구성된 것"이라고 밝혔다.

박근혜 정부 출범 이후 여성가족부 장관이 직접 '문제제기'를 했는데도 불구하고 결과는 아직 신통치 않은 수준이다. 참여정부 시기인 2006년과 2007년에는 90위권이었던 성격차지수가 이명박 정부 출범 이후 100위 아래로 떨어져 아직 회복되지 않고 있다. 정부 성격도 지표는 반영하고 있는 것일까. "지표를 들여다보면 알겠지만 점수는 꾸준히 상승해왔지만 순위는 하락했다. 점수가 오른다는 것은 성평등 문제가 개선되고 있는 것은 사실이라는 뜻이 되는데, 순위가 밀린다는 건 다른 나라의 성격차가 감소하는 수준보다 한국이 낮다는 의미로 해석할 수 있다."

한국여성정책연구원 성별영향평가·통계센터장 주재선 박사의 말이다. 국제기구가 매년 여성지위 관련 통계를 발표할 때마다 주 박사는 관련 연구작업을 진행해왔다.

보수정부서 100위권 밖 내몰린 까닭은

그에 따르면 세계경제포럼의 성격차지수가 문제가 없는 것이 아니다. 앞서 논란이 된 두 부분 이외에 출생성비도 문제다. 한국의 출생성비는 현재는 남성이 약간 더 많은 것으로 알려진 자연성비에 수렴되었는데도 반영되지 않는다는 것이다. 2015년도 성격차지수 자료에 따르면 이 지표에서 한국은 0.94점을 기록해 128등을 기록한 걸로 되어 있다. "그 근거가 무엇인지 체크를 해봤더니 미국 중앙정보국(CIA)이 만든 월드팩트북의 자료였다. 2008년 이후에 업데이트되지 않은 자료인데, 그걸 그대로 세계경제포럼 측에서 사용하고 있다. 세계경제포럼 측에 의견을 보낸 사안이다. 이미 국제기구에서 널리 쓰이고 있는 좋은 자료들이 많은데, 그런 것도 반영되지 않았다."

두 국제기구에서 성평등 부분이 정반대로 차이 나는 것처럼 보이는 것은 어떻게 설명해야 할까. 주 박사는 '수준과 격차'의 문제라고 답했다. 그에 따르면 성불평등지수는 인적자원(human resources) 개발의 측면에서 불평등 때문에 여성들이 불이익을 받는 '수준'을 측정하는 반면에, 세계경제포럼의 성격차지수는 개발 정도와 상관없이 남녀 사이의 '격차'를 보고 있기 때문에 그런 차이가 만들어진다. UNDP의 성불평등지수는 0에 수렴하면 완전평등인 반면, 성격차지수는 각 나라의 남성의 지위를 1로 놓고, 그에 대한 여성의 지위를 평가하는 데서도 차이가 난다.

간단한 예로 전문기술직 항목을 보자. 한국은 남성이 55, 여성이 45로 0.83점을 기록해 86위를 기록하고 있다. 중국의 경우 이 항목에서 1위를 차지하고 있는데, 전문직 구성은 남성이 48, 여성이 52로 여성이 더 많아 스코어는 1점, 다시 말해 '격차 제로'로 1위를 기록하고 있다. 더 극적으로 나타나는 것이 교육이다. 교육은 각 나라별로 교육편제가 달라 단순비교가 어렵다. 세계경제포럼의 경우 이것을 초등, 중등, 고등교육의 3단계로 분류하고 있다. 한국은 앞서 언급한 편향 덕분에 남성

(109)이 여성(82)을 앞질러 0.75점으로 116위를 기록하고 있지만 중국의 경우 남성(28)보다 여성(32)취학률이 높아 고등교육 취학률에서 1위를 기록하고 있다. 다시 말해 전체적인 동일 연령대에서 취학 수준은 한국이 중국을 압도하지만 해당 분야에서 취학률이 남성보다 여성이 많아 국가별 순위에서는 중국이 1위를 차지하고 있다. 조주은 입법조사관은 다음과 같이 설명했다. "성격차지수의 경우 남성이나 여성이 똑같이 불행하면 격차가 크게 안 난다. 이를테면 중동지역은 전통적으로 여성의 사회적 지위가 낮은 나라로 분류되는데도 우리나라보다 성격차 지수에서 위인 나라도 있다. 방글라데시도 한국보다 높은 순위를 기록하고 있다."

그럼에도 불구하고 성격차지수는 의미가 있다. 한 사회가 달성한 수준에서 남녀 간 격차가 얼마나 벌어져 있는가를 보여주고, 국제적 수준에서 비교 가능한 지표를 제시하기 때문이다. 다시 2015년 한국의 성격차지수를 보면 특히 점수가 낮은 항목을 보이는 것은 정치영역에서 내각 참여 여성 비율과 지난 50년간 국가·주의 여성 수반 비율이다. 각각 0.06점으로 130위, 0.07점으로 31위를 차지하고 있다. 다른 지표 항목에서 가장 낮은 점수를 보이는 것이 민간을 포함한 행정·관리직 성비 부분이다. 2015년 한국은 이 부분에서 0.12점을 받아 113위를 기록했다. 성별 비율을 보면 남성 89%에 여성 11%로 압도적 차이를 보이고 있다. 유사업종 임금격차와 관련, 비판을 받고 있지만 실제 남녀 간 임금격차 부분은 다른 데이터로도 확인된다. 경제협력개발기구(OECD)의 성별 임금격차 통계에서 한국 여성이 받는 임금의 수준은 2013년 현재 36.6%로, 전체 34개 회원국 중 최하위를 기록하고 있다.

OECD 남녀 임금격차서도 한국은 '꼴찌'

논쟁의 출발점은 강남역 살인사건이다. 사건의 성격에 대해 결론을 내리기에는 앞으로 보다 많은 조사나 분석이 필요하다.(『주간경향』 1179호 '강남역 추모를 보는 삐딱한 시선' 기사 참조) 그럼에도 불구하고 이번 사건을 통해 수많은 여성들이 불안을 느끼고, "여성혐오에 노출되어 있다"고 이야기를 하며 '경험담'을 털어놓는 사회적 현상 또는 집단행동으로 발전한 이유는 무엇일까. 이른바 성(gender)격차나 불평등 문제는 그 배후에 존재하지 않는 것일까. 아니면 일부 '역차별론자'들의 주장처럼 이미 불평등은 상당히 개선되었는데도 불구하고 일부 여성주의자나 '페미나치'들이 사건의 성격을 변질시켜 정치적인 기회로 활용하는 것일까. 통계수치가 보여주는 것은 전반적으로 인간개발의 측면에서는 성불평등이 개선되었지만 남녀 간 격차는 아직도 개선되지 않고 있고, 특히 타국의 개선상황에 비해 한국은 남녀 간 격차가 더 크다는 것이다. 수치 개선보다는 실질 개선이 더 중요하다는 지적도 있다. 조주은 입법조사관은 "국제기구의 지표를 개선하는 것보다 더 중요한 것은 현실적 개선"이라며 "특히 취약한 부분을 개선하기 위한 제도적 개선, 이를테면 여성이 고위직으로 더 많이 올라갈 수 있도록 공공기관 운영에 관한 법률을 개정하거나, 여성 국회의원의 경우도 지역구 30% 할당, 공직선거법 개정 등의 현실적 제도개선이 필요하지만 그에 대한 입법요구는 아직 이뤄지지 않고 있다"고 밝혔다. 결국 남녀 간 격차가 개선되기 위해서는 양성평등의 제도화가 필요하다는 것이 조 조사관의 지적이다.

- 정용인, 「한국여성의 지위 통계 23등과 115등, 뭐가 맞나」,
『주간경향』 1180호, 2016.6.14.

(2) 사실과 의견의 판별

자료들 가운데에는 사실에 기초한 것이 있는가 하면 어떤 의견이나 해석이 첨가된 것도 존재한다. 후자처럼 자신의 주관적 관점에 따라 세계와 대상을 이해하고 설명하는 것은 지극히 자연스러운 일이다. 그렇지만 후자를 자신이 쓰고자 하는 글의 자료로 삼고자 할 때에는 신중해야 한다. 글쓰기가 자신의 주관적인 의견과 입장을 드러내는 일임은 물론이지만, 이 일의 결과물인 글은 타인의 객관적인 평가와 이해를 기다리는 또 하나의 자료일 수밖에 없기 때문이다. 그러하기에 다른 사람의 주관적 관점 등이 첨가된 자료를 아무런 평가 없이 자신의 글에서 근거 자료로 그대로 원용하는 것은 곧 자신의 주체성을 포기하는 일에 다름 아니다. 따라서 자료에 접근할 때에는 먼저 그것이 사실을 기록한 성격의 것인지 아니면 어떤 주관적 관점에 의해 해석된 성질의 것인지를 분별해 낼 줄 알아야 한다.

이러한 분별력이 필요한 이유는 정도의 차가 있을지언정 어느 글이든 글쓴이의 주관적 가치관과 의견이 내재해 있기 때문이다. 이처럼 대부분의 글쓰기는 그저 지식과 정보를 전달하는 행위만이 아니라 세계와 대상을 새롭게 해석하고 그래서 글쓴이가 속한 세계의 문화를 갱신해 나가고자 하는 적극적인 의사 표현 행위이기도 하다. 이 과정에서 다른 이의 주관과 대화하는 일은 필수적인 절차이다. 따라서 사실적 자료만으로는 글을 쓰기에 충분하지 않다면 다른 이의 주관적 의견과 해석이 첨가된 자료를 글쓰기의 근거로 적극 활용해야 한다. 이때 자료를 조사하고 선별하는 사람에게 필요한 것은 다른 이의 주관적 의견과 해석이 과연 신뢰할 만한 것인지 아닌지를 스스로 판별할 줄 아는 능력이다. 이런 판별력은 부단한 공부 외에 달리 얻을 길이 없다. 또한 다른 이의 주관적 해석과 주장을 최대한 훼손하지 않는 범위 안에서 자신의 자료로 삼을 줄 알아야 한다.

그렇지만 대학생이라면 우선은 창의적이고 독특한 자신의 발상을 스스로 존중하고 제대로 전개하는 일부터 시도해봐야 한다. 기존의 통념에 의존하지 않는 신선한 착상과 과감하고 도전적인 재해석의 능력을 기르는 일은 어느 시대를 막론하고 청년들에게 요구하는 자세이기 때문이다. 이러한 시도와 부단한 공부를 꾸준히 병행할 필요가 있다.

아래 예문은 '담배 규제정책과 흡연율'에 대해 정부 당국의 보고서이다. 사실적 근거 자료들과 주관적 의견에 해당하는 근거 자료들을 찾아보고, 두 부류의 자료들이 각각 어떤 역할을 하고 있는지 생각해보자.

예문

우리나라는 1995년 국민건강증진법이 제정되어 본격적인 담배규제정책이 시작되었으며 2002년부터 국민건강증진종합계획(Health Plan 2020, HP2020)을 수립하고 국민의 건강증진과 질병예방을 위한 비전과 목표를 매5년마다 설정하여 모니터링 하고 있다. 또한 2005년에는 세계보건기구 담배규제기본협약(Framework Convention on Tobacco Control, FCTC)에 비준하였고 MPOWER(Monitor tobacco use and prevention policies, Protect people from tobacco smoke, Offer help to quit tobacco use, Warn about the dangers of tobacco, Enforce bans on tobacco advertising and sponsorship, and Raise taxes on tobacco) 정책을 이행하기 위해 더욱 강화된 담배규제 정책을 추진하여 국민건강증진법 등 관련법을 개정하였다. 특히 2014년 9월에는 2020년 성인남자흡연율 29% 달성을 목표로 「범정부 금연종합대책」을 발표하면서 그간 금연구역 확대 중심의 단편적 정책에서 벗어나 10년 만에 담뱃값 인상(2015.1.1. 2,500원 → 4,500원), 2015년 6월 담뱃갑 경고그림 표기 도입 확정(2016.12월 시행) 등 선진국 수준의 제도를 확립하고, 금연정책을 강화하고 있다.

질병관리본부(Centers for Disease Control and Prevention, CDC)는 국가 정책수립을 위한 기초자료를 생산하고 성인 및 청소년의 흡연현황을 모니터링하기 위해 1998년부터 국민건강영양조사(Korea National Health and Nutrition Examination Survey, KNHANES)와 2005년부터 청소년건강행태온라인조사(Korea Youth Risk Behavior Web-based Survey, KYRBS)를 수행 중이다. 국민건강영양조사는 전국 200여 개 표본조사구 4,000여 가구의 만 1세 이상 가구원 약 1만 명을 대상으로 실시하였고, 청소년건강행태온라인조사는 전국 800개 표본학교의 중학교 1학년부터 고등학교 3학년까지 약 70,000명이 익명성자기기입식 방법으로 응답하였다. 각 결과는 표본을 대표할 수 있도록 가중치를 부여하였으며 국민건강영양조사 추이 결과는 2005년 추계인구로 연령표준화한 값을 제시하였다.

국가 대표통계인 국민건강영양조사의 성인(만 19세 이상) 남자 현재 흡연율 추이를 살펴보면, 1998년 66.3%에서 2015년 39.3%로 17년 동안 27.0%p 감소하였다(Figure 1). 담배규제 정책 추진경과와 흡연율 추이를 비교해 보면, 2002년 타르, 니코틴 성분 공개, 2003년 금연구역 대폭 확대, 2004년 담뱃값 인상, 2005년 전국 보건소 무료 금연상담 등 금연지원서비스 실시로 남자 흡연율은 2001년 60.9%에서 2005년 51.6%로 9.3%p 감소하였다. 또한 2015년 담뱃값 인상과 병의원 금연치료서비스 실시 등 국가 금연지원서비스를 강화하면서 2007년 이후 8년간 45% 수준에서 정체되었던 남자흡연율이 대폭 감소(2014년 43.1% → 2015년 39.3%)하여 조사가 시작된 이래 최초로 30%대에 진입하였다. 특히 2009년 군 면세담배 폐지와 군인 및 전·의경 대상 금연사업 시작으로 인해 20대 남자의 흡연율은 2008년 53.6%에서 2010년 47.3%로 6.3%p 감소하였고 이후 40% 미만을 유지하고 있다.

청소년(중1-고3)의 현재흡연율 추이를 살펴보면, 남학생은 2006년 16.0%에서 2016년 9.6%로 6.4%p 감소하였고, 여학생도 2006년 9.2%에서 2016년 2.7%로 6.5%p 감소하였다. 이는 2012년 흡연예방 교육 의무화 및 흡연학생 금연지원, 2013년 PC방 금연구역 전면 시행, 2015년 10년 만의 담배가격 인상 및 적극적 금연캠페인 등 금연정책 강화가 특히 청소년들에게 강한 영향을 준 것으로 보인다.

간접흡연 폐해 방지를 위해 2012년 공중이용시설 전체 금연구역 지정과 휴게 및 일반 음식점 등 영업소에서 금연구역이 지속적으로 확대(2013년 150㎡ 이상 → 2014년 100㎡ 이상 → 2015년 전면)되면서 직장실내 간접흡연 노출률은 2013년 47.3%에서 2015년 26.8%로 20.5%p 감소하였고, 공공장소실내 간접흡연 노출률도 2013년 57.9%에서 2015년 35.4%로 22.5%p 감소하였다(Figure 3). 가정실내 간접흡연 노출률의 경우 성인은 2015년 8.2%로 10년 전에 비해 10.3%p 감소하였고, 청소년은 2016년 29.1%로 10년 전에 비해 11.2%p 감소하였다(Figure 3, 4). 이는 적극적 금연캠페인, 금연구역 확대 등 간접흡연 방지를 위한 정책 강화의 효과가 반영된 것으로 보인다.

위 지표에서 나타나듯이, 우리나라 성인 및 청소년의 흡연율과 간접흡연 노출률은 정부의 적극적인 금연정책 강화에 의해 지속적으로 감소하여 왔으나 여전히 OECD 국가 중 남자흡연율이 상위권 수준이다. HP2020 상의 2020년 성인남자흡연율 29% 목표를 달성하기 위해서는 전자담배, 캡슐담배 등 신종담배에 대한 규제 등 비가격 정책을 중심으로 보다 강화된 담배규제 정책의 지속 추진이 필요하다.

참고문헌
1. 보건복지부. 2015. 제4차 국민건강증진종합계획(2016–2020).
2. 질병관리본부. 2016. 2015 국민건강통계.
3. 질병관리본부. 2016. 제12차(2016) 청소년건강행태온라인조사 통계.
4. OECD. 2015. Health at a Glance 2015: OECD Indicators.

　　　　　　　　　　　– 최선혜·김윤정·오경원, 「우리나라 담배규제 정책과 흡연현황」,
　　　　　　　　　　　　　　　　　　　　　　『질병관리본부 보고서』, 2017.5.25.

3. 내용 조직하기

지금까지 글감을 찾고 생각의 실마리를 정리해서, 그에 적합한 근거 자료들을 조사·선별한 뒤 재구성하는 과정에 대해 알아보았다. 이런 과정들을 충실히 거쳤다면 이제 글쓰기 전 단계의 마지막에 다다른 셈이다. 이제 글쓰기 전단계의 마지막으로 가상적 주제문과 개요, 글 전체의 흐름 방향 등을 작성하는 일이 남았다. 이 단계는 초고를 작성하기 전에 미리 글의 전반적인 방향과 틀을 계획해 둔다는 데 의의가 있다. 즉 지금부터 살펴볼 과정은 글의 전체적인 내용을 조직하는 것이다.

1) 가상적 주제문 작성하기

글의 전체적인 내용을 조직할 때 우선 명확히 해 두어야 할 것은 자신이 쓰고자 하는 글의 주제를 확정하는 일이다. 그런데 글감을 찾아 생각의 실마리를 풀어나가는 동안 이미 주제를 확고하게 선정했을 수도 있다. 혹은 자료를 조사하고 선별, 편집하는 동안 이전에 정했던 주제를 일정 정도 변경하였을 수도 있다. 어쨌든 글쓰기 전 단계의 마무리에 이르러서는 주제가 어느 정도 정해진 상태여야 한다. 만약 글을 직접 쓰기 전에 비록 가상적일지라도 주제를 정하지 않았다면 여러 가지 곤란한 상황에 직면하게 될 것이다. 아니 글쓰기를 통해 전달하고자 하는 바가 무엇인지 명확하지 않기 때문에 서두를 쓰는 일조차 불가능할 것이다. 그러니 초고를 쓰기 전에 가상적 주제문을 미리 정해 두어야 한다. 물론 초고를 쓰는 동안에 주제가 바뀔 수도 있고, 퇴고를 하는 동안 새로운 문제의식이 생겨 글의 틀 자체를 수정해야 할 경우도 생길 수 있다. 중요한 사실은 자신이 원래 쓰고자 했던 주제가 잘 전달되고 있는지에 대해 틈틈이 살피는 일이며, 그런 한편으로 자신이 설정한 주제에 대해 끊임없이 반성적으로 검토하는 자세를 갖추어야 한다는 것이다.

2) 개요 작성하기

개요 작성하기는 말 그대로 앞으로 쓸 글의 대략적인 모습을 미리 요약

·정리해 두는 작업이다. 개요 작성은 서너 개 때로는 열 개 이상의 문장으로 구성하여 원고와는 별도로 적어 두는 방법도 있고, 중요 항목들을 뽑아 메모 형식으로 기재해 두는 방법도 있다. 어느 경우든 개요를 쓸 때 빠져서는 안 되는 항목들이 있는데 다음과 같다.

①제목: 제목은 글의 대상과 관점과 목적(혹은 의의)이 잘 드러나도록 정한다. 물론 개요 작성 시 정하는 제목은 가제목이니 만큼 글을 쓰는 동안이나 글쓰기를 완료한 후 후 수정할 수 있다.

②글감: 글로 쓰고자 하는 대상을 꼼꼼히 적어 둔다.

③주제문: 앞서 정한 가상적 주제문을 적어 둔다.

④문제의식: 자신이 글감에 대해 지녔던 문제의식을 적어 둔다. 이후 글을 쓰면서 새로운 문제의식이 생기면 개요에 첨부해 둔다.

⑤핵심 문제: 글 전체에서 다루고자 하는 핵심 문제를 적어 둔다.

⑥핵심어: 핵심어에 해당하는 용어들을 적고, 각 용어의 의미 범주와 사용 맥락 등을 명확히 적어 둔다. 특히 전문 용어일 경우에는 용어의 출처를 반드시 적어 둔다.

⑦관점(방법론): 어떤 입장에서 글감을 대하고, 글을 이끌어 나갈지에 대해 적어 둔다.

⑧범위: 글에서 다룰 대상과 내용의 범위를 적는다.

⑨목차: 목차는 체계적이며 구체적으로 적는다. 물론 목차는 직접 글을 쓰는 동안 수정할 수도 있다.

⑩자료 목록: 작성해 둔 자료 카드를 활용하여 일정한 분류 기준을 세워 정리해 둔다.

⑪해결해야 할 점들: 앞으로 글을 쓰면서 해결해야 할 점이나 보완해야 할 사항 등을 적어 둔다.

3) 글 전체의 흐름·방향 작성하기

주제문과 개요를 작성하였다면 이제 글 전체의 흐름·방향을 예상하여 적어 보자. 글 전체의 흐름·방향은 자신이 참조하기에 편한 방식으로 정리하면 된다. 그렇지만 글의 각 부분에 적을 소주제문은 명기해 두는 것이 좋다. 그리고 각 소주제문들을 뒷받침하기 위해 어떤 내용을 쓸 것인지, 어떤 자료를 활용할 것인지 등에 대해 적어 두면 글을 쓸 때 큰 어려움 없이 진행할 수 있을 것이다.

● 글 전체의 흐름 방향 예시

서론	글감, 주제, 문제의식, 핵심 문제, 핵심어, 관점, 범위 등 제시
본론	본론 1: 소주제문
	뒷받침하는 내용 근거 자료
	본론 2: 소주제문
	뒷받침하는 내용 ※ 근거 자료 더 보완할 것
	본론 3: 소주제문
	뒷받침하는 내용 근거 자료 ⋮ ⋮
결론	글 전체의 잠정적인 결론, 향후 과제

글쓰기 단계

우리는 어떤 글을 본격적으로 쓰기에 앞서 글감을 어떻게 찾을 것인지, 그리고 특정한 주제에 적합한 자료를 수집하는 방법과 그 자료를 활용하는 면에 대해서 살펴보았다. 이제 이러한 과정을 거친 후 글쓰기는 본격적으로 어떻게 이루어지는지 살펴보기로 한다.

1. 단락 쓰기

완성된 한 편의 글은 여러 단락으로 구성되어 있으며, 각 단락은 서로 밀접한 관련을 맺음으로써 글쓴이의 생각을 온전히 잘 드러내주어야 한다. 글쓰기에서 단락의 중요성은 건강한 몸에 비유할 수 있다. 건강을 유지하기 위해서는 몸을 이루는 여러 부분이 서로 조화를 이루어야 한다. 어느 부분만 그 기능이 유달리 왕성하여 다른 부분과의 조화를 이루지 못할 경우 몸의 건강을 해치기 십상이다. 몸을 이루는 부분들이 나름대로 고유 역할을 다 하고, 서로 조화를 이룰 때라야만 몸의 건강을 유지할 수 있다. 한 편의 글 역시 마찬가지이다. 좋은 글을 쓰기 위해서는 여러 요건을 갖춰야 하지만, 그 중 가장 중요한 것은 바로 '단락쓰기'에 달려있다고 해도 지나친 말이 아니다. 그런데 정작 대다수 학생들은 그 중요성을 인식하지 못하고 있다.

글을 써 가면서 자신의 생각을 하나의 덩어리로 만들어 표현하는 데 대단히 둔감하다. 대학 신입생들의 문장을 검토하다보면, 이 같은 문제점이 곧잘 발견된다. 어떻게 단락을 구성해야 할 지 단락에 대한 인식이 결여되어 있다. 단락을 전혀 나누지 않은 학생이 있는가 하면, 모든 문장을 독립된 단락으로 처리한 학생들도 있고, 단락을 나누어야 한다는 것을 알고 있으나 그 방법을 잘 알지 못하는 학생들도 있다. 단락에 대해 제대로 이해하고 있지 않기 때문에 글 전체의 짜임새와 응집력이 부족한 것은 불을 보듯 뻔한 일이다.

1) 단락구성의 원리

한 편의 글은 단락마다 담겨있는 글쓴이의 중심 생각들이 서로 밀접한 연관을 맺고 구성되어야 한다. 따라서 단락을 어떻게 쓰고, 각 단락을 어떠한 맥락에 따라 연결시키느냐 하는 것은 글쓰기에서 매우 중요한 문제이다. 단락을 적절히 나누고 연결시킬 수 있을 때 글의 전체 짜임새는 물론, 글쓴이의 생각을 효과적으로 표현해낼 수 있다. 단락은 여러 개의 문장이 모여 구성된다. 이때 하나의 단락은 무엇보다 글쓴이가 드러내고자 하는 '생각의 덩어리'라는 점을 인식해야 한다. 일반적으로 단락의 중심 문장인 '소주제문'과 소주제문을 받쳐주는 여러 '뒷받침 문장'으로 구성되어 있다. 이 '생각의 덩어리'는 예외적 형식의 글을 제외한다면, 글쓴이의 생각을 집약시켜 보여준다. 말하자면 단락은 글쓴이의 생각을 명료히 드러내주어야 한다는 것이다.

이러한 단락은 대체로 세 가지 원리로 구성된다.

(1) 일관성: 소주제문과 뒷받침 문장의 일관성

각 단락에는 중심 생각이 담겨 있다. 문제는 이 중심 생각이 단락을 구성하는 여러 문장들에 의해 명료화되어야 한다는 점이다. 그러기 위해서는 단락의 소주제문과 밀접한 연관을 맺고 있는 뒷받침 문장들로 이루어져야 한다. 그럴 때 글쓴이의 생각을 집약시켜 보여줄 수 있다. 소주제문의 의미 맥락과 관련이 없는 뒷받침 문장이 쓰일 경우 그 단락은 일관성을 잃게 된다.

예문

세월호가 가라앉던 2014년 4월 16일 박근혜 대통령은 승객 구조 대책을 마련하는 대신 강남의 유명 미용사를 청와대로 불러 '올림머리'를 하는 데 90분 이상을 허비한 것으로 6일 확인됐다. 의문의 7시간 가운데 1시간 30분은 밝혀진 셈이나, 나머지 5시간 30분 동안은 무엇을 했는지 여전히 의문이다. 〈한겨레〉가 청와대와 미용업계의 관계자를 복수로 만나 들은 얘기를 종합하면, 서울 강남구 청담동에서 ㅌ미용실을 운영하는 정아무개(55) 원장은 세월호 참사가 벌어진 2014년 4월 16일 낮 12시께 청와대로부터 "대통령의 머리를 손질해야 하니 급히 들어오라"는 연락을 받았다. 이날 오후에는 예약 손님이 많았으나 예정에 없던 청와대 호출로 인해 미용실 직원들은 오후 예약을 모두 취소해야 했다. 정 원장은 승용차로 한 시간쯤 걸려 청와대 관저에 들어간 뒤 박 대통령 특유의 '올림머리'를 했다. 올림머리는 어머니 고 육영수 씨를 연상시키는 머리 형태로 수십 개의 머리핀이 들어가며 위쪽으로 올려붙여 둥근 모양을 만드는 것으로, 화장까지 포함해 한 시간 반 이상이 걸리는 것으로 알려졌다. 당시 상황을 아는 한 관계자는 "이날도 평소와 다름없이 머리를 손질하는 데 90분가량이 걸린 것으로 안다"고 말했다.

– 하어영·송경화, 「박 대통령, 세월호 가라앉을 때 '올림머리' 하느라 90분 날렸다」,
『한겨레신문』, 2016.12.6. 부분

위의 글은 세월호 당일 박근혜 대통령의 행적을 설명하는 단락이다. 이 단락을 통해 글쓴이가 말하고 싶은 중심 생각은 밑줄 친 문장이다. 이 중심 생각을 더욱 부각시키기 위해 글쓴이는 여러 뒷받침 문장들을 구사하고 있는데, 이것들은 박근혜 대통령이 세월호 당일 비상시임에도 불구하고 미용실 원장을 청와대로 불러들여 장시간 올림머리와 화장을 했음을 부연설명하고 있다. 이들 뒷받침 문장으로 인해 이 단락의 중심 생각은 일관성을 잃지 않은 채 글쓴이의 생각을 잘 표현해주고 있는 것이다.

(2) 연결성: 문장들 사이의 논리적 연결

단락은 소제문을 중심으로 뒷받침 문장들이 서로 매끄럽게 연결되어야 한다. 문장들 사이의 논리적 연결 관계가 매끄럽지 않을 때 단락의 의미는 일관성을 잃을 뿐만 아니라, 전체 글의 흐름도 부자연스럽게 전개될 수밖에 없다.

예문

①학교 안에 기업의 후원을 받은 건물이 지어지면 건물도 좋아지고 편의시설도 생기니 좋은 게 아니냐고 생각할 수도 있다. ②학교 밖으로 가지 않고도 스타벅스 커피를 마실 수 있고, 최신식 체육시설도 이용할 수 있으니 학생들에게도 훨씬 좋아진 게 아니냐고 할 수도 있다. ③아낌없이 베푸는 기업의 호의에 감사한 마음이 솟아나는 사람도 있을 것이다. ④대학도 기업의 후원을 환영하는 분위기였다. ⑤오히려 후원을 받을 정도의 인지도가 있다는 사실을 기쁘게 여겼다. ⑥최근에는 캠퍼스에 ○○스퀘어 같은 본격적인 대형 쇼핑몰을 만들고, 기숙사를 세워주는 대가로 대형 할인점을 입점시키는 대학들도 생겼다. ⑦하지만 과연 그 편의시설들이 누구를 위한 것인지 생각해보게 된다. ⑧나에게 대학은 도피처 같은 곳이었다. ⑨집에서 나와 살던 내가 밥 세 끼를 해결하던 곳이었고 대학 밖에서는 가질 수 없는 동아리방과 도서관 같은 공간을 제공받았다. ⑩냉난방이 잘 안되는 자취방에서 도망치듯 나와 강의실 앞 소파에서 널브러져도 위화감이 없었다. ⑪자본주의 사회에서는 자신이 있는 공간에 늘 돈을 지불해야 하는데 대학만은 그 틀로부터 자유로웠다. ⑫하지만 이제 대학 안에서도 '있는 것만으로' 돈을 지불해야 하는 공간이 늘었다.

– 김지숙, 「학생 소외시키는 캠퍼스의 상업화」, 『경향신문』, 2012.11.14. 부분

위의 글은 모두 12개의 문장으로 구성되어 있다. 그 문장들의 연결 관계를 살펴보면, 물 흘러가듯이 앞 문장과 뒷 문장이 자연스레 연결되어 있다는 것을 알 수 있다. 위의 글은 하나의 단락이지만, 크게 3부분의 의미 맥락(①~⑥/⑦~⑪/⑫)으로 나눌 수 있다. ①~⑥은 글쓴이가 대학교 편의시설 확장 현상을 설명하고 있으며, ⑦~⑪은 그 편의시설이 과연 누구를 위한 것인지 의문을 제기하는 부분이며, ⑫는 대학도 이제 학생들이 공간사용에 따른 대가를 고비용으로 지불하게 되었음을 피력한다. 이렇듯이 3개의 의미로 구분되는 위 예문은 각 문장들이 톱니바퀴처럼 서로 긴밀히 맞물려 있어 단락의 의미를 분명히 전달해주고 있다.

(3) 강조성: 소주제문 부각시키기

단락마다 중심 생각을 효과적으로 드러내기 위해서는 글쓴이의 중심 생각이 부각되어야 한다. 이것은 소주제문의 의미를 부각시킴으로써 글쓴이의 생각을 좀 더 강조하기 위해서이다. 이를 위해서는 소주제문을 뒷받침하기 위해 논증을 구체화시킨다든지, 다양한 문장의 수사적 비유를 통해 소주제문을 부각시킨다든지, 단락에서 소주제문을 적당한 곳에 위치시킨다든지 등의 사안을 고려할 필요가 있다.

> **예문**
>
> ①나는 풍경을 사랑한다. ②풍경이란 살아 있는 공간이다. ③나의 눈길이 닿을 때까지 그 공간은 죽어 있었던 것이다. ④그 죽어 있던 공간이 내 시선이 닿는 그 순간 목숨을 가진 표범처럼 나에게 달려드는 것이다. ⑤내가 바라보았던 수없는 풍경—그 가운데의 어느 하나의 풍경이 (또한 한 순간이) 나의 망막을 보이지 않는 인두로 지지는 것이다. ⑥그때 그 풍경은 나의 풍경이 되는 것이다. ⑦가을이 익어가던 어느 날 오후 나는 포충망을 메고 혼자서 산길을 걷고 있었다. ⑧문득 뒤를 돌아보았을 때 억새풀 너머로 역광으로 다가서던 팔공산의 뒷모습. ⑨거의 서른 몇 해가 지난 지금까지도 그 이름 없는 풍경은 살아 있다. ⑩그 풍경에는 아직도 지워지지 않는 풀 냄새와 풀벌레 소리가 묻어 있다. ⑪그것은 분명히 하나의 만남이다. ⑫그리고 그 무명(無名)의 만남을 위하여 우리는 길을 떠나는 것이다.
>
> — 허만하, 『낙타는 십리밖 물냄새를 맡는다』, 솔출판사, 2000. 부분

밑줄 친 소주제문의 의미를 강조하기 위해 위 글은 ⑦~⑩에서 볼 수 있듯, 글쓴이의 일상적 체험을 뒷받침 문장으로 하여 소주제문을 더욱 부각시키고 있다. 만약 이와 같은 일상적 체험을 보여주는 뒷받침 문장이 없다면, 밑줄 친 소주제문은 글쓴이의 추상적 관념으로만 간주되어 독자의 감동을 이끌어내기 힘들 것이다. 이처럼 한 단락 안에서 소주제문의 의미를 강조하기 위해서는 뒷받침 문장들을 어떻게 구성할 것인가 하는 문제가 중요하다.

2) 단락의 연결

각 단락들은 서로 유기적인 연관성을 맺으면서 한 편의 완성된 글을 이룬다. 아무리 개별 단락이 잘 쓰였다 하더라도 각 단락 사이의 논리적 연결이 매끄럽지 못할 경우 전체 글의 짜임새가 엉성해지고, 그에 따라 글쓴이의 생각이 정확히 전달되지 못한다.

(1) 접속어의 적절한 사용

이와 같은 단락 연결에서 우선 고려되어야 할 사항은 단락 사이의 논리적 관계를 형성시켜주는 접속어의 적절한 사용 여부다. 물론 접속어는 단락 사이의 연결뿐만 아니라 문장과 문장 사이의 연결에도 중요한 역할을 담당한다. 이러한 접속어의 적절한 사용은 글쓰기가 지녀야 할 논리성, 과학성을 보증한다는 점에서 중요한 것이라 하겠다.

예문

(가) 많은 사람들이 자신을 '피해자'라고 주장한다. 억울하다고 한다. 가해자만 없으면 자신의 삶이 훨씬 평안하고 행복하며 장래성이 있다고 호소한다. 사람들이 피해자를 연민 어린 눈으로 보고 동정한다.

(나) ①그러니 피해자를 혹시 비난하는 듯 들리는 말을 꺼내는 것은 큰 용기를 필요로 한다. 정말 본격적으로 비판하면 근거가 있어도 다중의 비난이 돌아올 것이다.

(다) ②그래서 진실을 추구하는 것은 어렵다. 하지만 의문은 남는다. 자신을 피해자라고 하는 주장은 무조건 받아들여야 할 정로 늘 옳은가.

– 정도언, 「온통 피해자」, 『경향신문』, 2012.5.22. 부분

위 글은 3개의 단락이 연결되어 있다. 세 단락의 연결을 살펴보면, 접속어 ①,②로 연결되어 있음을 알 수 있다. (가)에서는 많은 사람들이 자신을 피해자라고 생각하며, 그런 사람들에게 연민과 동정을 보낸다고 설명한다. 글쓴이는 ①'그러니'의 순접관계를 나타내는 접속어를 통해 자신의 중심 생각인 '올바른 판단의 어려움'을 새롭게 부각시키고 있다. 그리고 ②'그래서'란 인과 관계의 접속어를 사용함으로써 '피해자의 주장을 무조건 받아들여야 하는가'에 대한 이견을 제시한다. 이처럼 각 단락 간의 논리적 연결 관계는 접속어를 어떻게 적절히 사용하느냐에 달려 있다.

(2) 단락 사이의 내적 연결

그런가 하면 접속어를 사용하지 않고, 단락 사이를 내적 연결 관계에 따라 자연스레 연결시킬 수 있다. 이 경우 개별 단락의 의미를 정확히 간파해야 하며, 연결 단락이 어떠한 연관성을 맺어야 할지 각별히 유의해야 한다. 가령, '원인과 결과'인지, '주장과 근거'인지, '과제와 해결'인지 등을 유념할 필요가 있다. 다음의 예문을 통해 접속어를 사용하지 않고, 단락들이 어떻게 연결되고 있는지 살펴보자.

예문

한명의 영웅이 승리의 역사를 쓰지 않듯, 폭력은 개별적인 악마에 의해 벌어지는 '남의 일'이 아니라 언제나 내 주변을 맴돌고 때로는 내 안에서 발현되기도 한다. 폭력은 권력의 구조와 밀접하다. 성별, 나이, 직업, 직위 등에 따라 사람을 대하는 태도가 '유연하게' 변하는 사람들은 우리 주변에 흔하다. 평소에 아주 친절했지만 식당에서 음식이 늦게 나오자 직원에게 반말로 소리 지르는 사람을 본 적 있다. 사람이 달리 보이는 순간이었다. 정도의 차이일 뿐 인간은 수시로 '만만한 대상' 앞에서 힘을 휘두르고 싶은 유혹에 시달린다. 폭력은 가해와 피해라는 이분법적으로 나뉘지 않는다. 촘촘하게 짜인 권력의 미시적 연결망에 의해 가해자와 피해자는 '상황'에 따라 바뀌곤 한다.

– 이라영, 「권력의 미시적 짜임」, 『한겨레』, 2014.8.13. 부분

2. 초고 쓰기

1) 서두와 맺음말 쓰기

(1) 서두 쓰기

글쓰기가 어렵다는 사람들의 얘기를 들어보면, 글의 서두를 어떻게 시작해야 할지 망설여진다는 경우가 대부분이다. 글을 쓰기 전에 개요를 작성하였다고 하지만, 정작 자신의 문장으로 글을 직접 써야 하는 게 이만저만한 어려움이 아닐 수 없음을 토로한다. 일찍이 작가 이태준도 서두를 쓰는 어려움을 지적한 바 있다. 서두 쓰기의 중요성과 그 방법에 대해 이태준은 다음과 같이 간명히 언급한다.

> **예문**
>
> 더욱 산문에서 첫머리 몇 줄, 몇 줄이라기보다 제1행의 글, 다시 1행이라기보다 첫 한 마디, 그것을 잘 놓고 못 놓는 것이 그 글의 순역(順逆), 길흉(吉凶)을 좌우하는 수가 많다.
> 너무 덤비지 말 것이다. 너무 긴장하지 말 것이다. 기(奇)히 하려 하지 말고 평범하려 하면 된다.
>
> ─ 이태준, 『문장강화』, 소명출판, 2015. 부분

그렇다면 이처럼 중요하게 간주되는 글의 서두를 어떻게 잘 쓸 수 있을까. 글의 서두는 글 전체의 첫인상이란 점에서 매우 중요한 만큼 빈번히 사용되는 몇 가지 사례를 중심으로 연습해보기로 하자.

① 시사적 사건을 언급하면서 시작

동시대를 살아가는 사람들에게 최근 시사적 사건 및 사회적 쟁점은 관심을 집중시킨다. 글쓴이는 이러한 내용을 글의 서두로 도입함으로써 글을 읽는 사람들의 관심 또한 자연스레 집중시킬 수 있다. 그러자면 자신이 살고 있는 동시대의 현실에 대한 사회적 관심을 놓쳐서는 안 될 것이다. 동시대의 현실이야말로 글을 쓰기 위한 좋은 글감이기 때문이다.

예문

"낙태죄를 폐지해달라"는 청와대 국민청원이 20만 건을 돌파하면서 인공임신중절수술(낙태) 찬반 논쟁이 재점화 되고 있다. 20만 명을 넘긴 국민청원은 '소년법 폐지' 이후 두 번째다. 청와대는 낙태죄 폐지 주장에 대한 공식 답변을 내놓게 됐다. 현행 낙태 관련 법안이 여성의 건강과 안전을 위협하고 있다는 주장과 함께 태아의 생명권을 존중해야 한다는 반론도 만만치 않아 논쟁이 뜨거워지고 있다.

– 유자비, 「불붙은 낙태 논쟁…"여성 자기결정권" vs "태아 생명권"」,
『뉴시스』, 2017.11.3. 부분

낙태죄 폐지 논란과 관련된 글을 전개하는 글의 서두 부분이다. 청와대 국민청원 20만 건 돌파라는 상황을 언급함으로써 낙태죄 폐지와 유지에 관한 이견을 미리 짐작할 수 있다.

② 개념을 진술하면서 시작

글감의 대상이 되는 핵심적 개념을 진술하면서 글의 서두를 시작할 수 있다. 이 경우 자신이 쓰고자 하는 대상의 개념을 확실히 규정하고 시작하기 때문에 이후 본론에서 전개되는 글의 내용은 그 핵심적 개념에 대한 이해를 좀 더 자세히 할 수 있다는 점에서 글의 이점을 살릴 수 있다.

> **예문**
>
> 권력과 위계에 의한 성범죄 피해 사실을 공론화시키는 '미투 운동'이 한국 사회를 강타했다. 미투 운동을 통해 드러난 진실들은 여전히 한국 사회가 가부장적이고, 권위적인 사회에서 벗어나지 못했다는 것을 보여준다. 그렇기 때문에 미투 운동을 '성범죄'에 국한되는 문제로만 보는 것이 아니라 근본적으로는 권력을 가진 사람들의 폭압적인 행위에 사회적 연대를 통해 대항하자는 취지로 해석하는 사람도 적지 않다. 결국 미투 운동을 뒷받침하는 것은 대중의 적극적인 공감과 지지라고 말할 수 있다.
>
> – 송으뜸, 「20대 남성, 미투가 남녀대결로 흐른다고 봐」, 『동아일보』, 2018.4.27. 부분

'미투(Me Too)'의 사회적 인식에 대하여 설명하는 글이다. '미투(Me Too)'의 개념을 진술하면서 글의 서두가 시작되고 있다.

③ 새로운 문제를 비판적으로 제기하면서 시작

글쓴이가 글을 쓰는 관점 및 다루고자 하는 대상이 기존의 시각과 확연히 다르다는 점을 강조하면서 글의 서두를 시작할 수 있다. 이 경우는 주로 비판적 글쓰기에서 자주 접할 수 있으며, 글쓴이의 주관을 선명히 내세움으로써 비판의 목적과 의의를 설득력 있게 개진하는 데 유용하다.

예문

　부산 중학생 폭행 같은 사건이 터질 때마다 비슷한 과정이 되풀이된다. 언론의 대서특필 → 피해자의 참혹한 이미지 공개 → 분기탱천한 대중의 온라인 재판 → 형량 강화 국민청원 시작 → 정치권, 발 빠르게 편승하며 엄벌주의 입법 예고 → 시민들의 환영…. 거의 매번 똑같다.

　그동안 국회는 특별법으로 땜질하며 엄벌주의를 강화해왔지만 조두순 사건, 김길태 사건 이후인 2010년 아예 형법 뜯어고치기에 나섰다. 그 결과 유기징역 상한이 기존 25년에서 50년으로 무려 두 배가 늘어났다. 선진국 중 엄벌주의 성향이 강하고 사형제도가 적극적으로 유지되는 일본조차 2004년 형법 개정을 통해 기존 징역 상한 15~25년을 20~30년으로 올리는 데 그친 것에 비춰보면, 저게 얼마나 과격한 변화인지 짐작할 수 있다.

　문제는 실효성이다. 즉, 이렇게 형량을 늘린 만큼 범죄가 감소하느냐는 것. 세계 각국의 형사정책 연구들은 대부분 같은 결론으로 수렴한다. '처벌 강화의 범죄 억제 효과는 미미하다.' 대다수 범죄학·법학 전문가들이 엄벌주의에 회의적이거나 반대하는 이유도 여기에 있다.

－ 박권일, 「엄벌주의 승리는 사회의 실패다」, 『한겨레신문』, 2017.9.13. 부분

부산 여중생 폭행사건을 계기로 기존의 강력사건을 대했던 우리의 태도를 살피는 것으로 글의 서두를 시작하고 있다. 이어 '언론→여론→정치' 형식을 거치면서 엄벌주의로 치닫는 과정을 설명한다. 하지만 엄벌주의가 진정한 해결책이 될 수 있는지에 대한 의문을 제기한다.

④ 인용을 하면서 시작

그동안의 독서 경험을 살려서 어떤 책의 부분을 인용한다든지, 어떤 사람의 말을 인용한다든지, 혹은 어떤 자료를 인용한다든지 하는 방법을 통해서 글의 서두를 쓸 수 있다. 이 경우 글을 읽는 사람의 주의를 환기시킬 수 있어 큰 어려움 없이 글의 서두를 쓸 수 있다.

> **예문**
>
> 로코코 회화의 거장으로 불리는 프라고나르(Jean-Honoré Frago-nard)는 그네를 그린 적이 있다. 프랑스 귀족 문화의 마지막 전성기였던 18세기, 축제와 연회로 보내던 나날의 한 장면이었다. 여자는 그네를 타며 즐겁게 발버둥을 치고, 맞은편 관목숲 너머에서 남자는 반쯤 기대 누운 자세로 이 모습을 지켜본다. 그네가 높이 오를 때마다 흥과 희롱이 교차하다가 마침내 절정에 달하는 순간이 포착되어 있다. 급기야 날아가 버리는 여자의 신발과 예를 표하며 벗어서 내민 남자의 모자는 화가가 의도적으로 배치한 것이었다. 여자가 흥으로 숨긴 희롱을 남자는 정중한 여유로써 받아들였다. 남자가 기댄 좌대 위의 에로스상은 손가락을 입술에 대고 이 모든 일이 둘만의 비밀임을 일러준다. 작가는 유머를 담아 〈행운의

기회(Les Hasards heureux de l'escarpolette)〉라는 제목을 붙였지만, 작명 실력은 그림에 미치지 못했던 것 같다. 수사는 자주 내포의 풍요를 반감시킨다. 차라리 그네(l'escarpolette)라고만 했다면, 귀족들의 일화가 아닌 보편적인 사랑이 이 작품의 주제로 다가왔을 터이다.

알다시피 인류에게 그네는 성적 상징물이다. 그렇게 된 까닭을 굳이 설명할 필요는 없으나, 하나의 예시만 들어본다. 중앙유라시아의 카자흐스탄에서 전래되는 그네는 다른 곳의 그것들과 발판이 다르다. 이것은 가로가 아닌 세로가 길어서 널과 같은 모양이다. 처음부터 두 사람이 함께 타게 만든 이 그네는 따라서 놀이동산에서 볼 수 있는 바이킹을 닮았다. 반대로 말하면, 바이킹은 커다란 현대식 그네라고 하겠다. 그러나 동승한 이들이 연인이 되는 이유는 이것이 주는 두려움과 짜릿함에 있지 않다. 무엇보다 바이킹은 나란히 앉으므로, 두 가지 선택지가 놓여 있다. 죽음에 가까운 공포와 거기서 솟아나는 성적 열락에 근사한 쾌락, 요컨대 이것은 타나토스와 에로스의 충동이 공존하는 시간의 배를 타기 위해 마음의 손을 내밀 것인가를 점쳐보는 시험의 하나일 뿐이다. 결정은 진작 내려졌거나 다른 때에 이루어질 것이다.

– 김영범, 「사이의 시학」, 『파란』 제11호, 2018년 겨울호. 부분

필자는 시인의 시를 분석하기에 앞서 로코코 회화의 거장 프라고나르의 그네 그림에서 시작해 카자흐스탄의 전통 그네, 놀이동산의 그네인 바이킹까지 그네라는 사랑의 상징을 다각적으로 짚고 있다. 그네처럼 경계에 얽매여 있는 인간 실존의 조건을 사유하는 데에 미학적 자료를 인용하고 그것을 해석하는 새로운 시각을 보여주어 글에 대한 호기심을 불러일으킨다.

⑤ 물음을 던지면서 시작

글쓴이가 앞으로 전개시키고 싶은 핵심적 사항에 대한 물음을 던지면서 글을 시작할 수 있다. 이 경우 무엇보다 글을 읽는 사람들에게 강인한 인상을 쉽게 심어줄 수 있어 글에 대한 호감을 높일 수 있다. 또한 글쓴이에게도 자신이 써야 할 대상을 글의 서두부터 명확히 제시함으로써 글의 응집성을 살릴 수 있다.

예문

학교를 다니면서 "이놈의 학교 없어져야지"라고 생각했던 적이 없는가? 끔찍이도 받기 싫은 수업을 강요했을 뿐만 아니라, 시험 성적이 좋아 이른바 일류대학에 가는 수재 몇 명 외에는 모두 낙오자로 만드는 계급결정적인 학교가 싫었던 적이 없는가? 그러면서도 스스로 그렇게 학교를 싫어하는 것이 옳다고 생각하기는커녕, 도리어 자신이 못나서 그렇다고 열등감에 사로잡혀 괴로웠던 적은 없는가? 낙오된 대부분의 남들이나 나 자신이나 머리가 나쁘고 성격이 우유부단해 공부를 하기 싫어서 그렇다고 생각한 적은 없는가?

– 이반일리히, 박홍규 역, 『학교 없는 사회』, 생각의 나무, 2009. 부분

필자는 '학교 교육의 문제점'에 대한 사항을 글의 서두에 잇따라 제기함으로써 이후 필자가 어떤 문제에 대해 글을 전개시켜나갈 것인지 알 수 있다. 또한 독자는 이러한 연쇄적 질문 속에서 필자와 함께 문제를 해결하는 데 동참하게 되면, 무엇보다 필자의 탐구에 대한 호기심을 갖게 되어 글에 집중하게 된다.

(2) 맺음말 쓰기

글쓰기에서 글의 서두 쓰기 못지않게 어려움을 느끼고 있는 점은 바로 글의 맺음말을 쓰는 것이다. 글의 완결을 짓는다는 점에서도 맺음말 쓰기의 중요성은 아무리 강조해도 지나치지 않다. 맺음말이란 말 그대로 글을 맺는 역할을 한다. 서두와 본문에서 글쓴이의 생각을 잘 드러냈다 하더라도 맺음말이 제대로 되어 있지 않다면, 그 글의 완성도는 큰 문제를 지닐 수밖에 없다. 좋은 글을 쓰는 사람은 마지막 문장을 쓸 때까지 긴장을 늦추지 않는다. 대체적으로 자주 사용되는 글의 맺음말 쓰기를 몇 가지 사례 중심으로 연습해보자.

① 지금까지 언급된 내용의 핵심을 간명하게 정리

이것은 가장 흔히 사용하는 결미 쓰기 방식이다. 지금까지 본론에서 전개된 내용 중 그 핵심을 요약하여 정리해주면 된다. 이러한 결미를 통해 글 전체에서 논의된 내용을 한 눈에 조망해볼 수 있다. 따라서 중요한 것은 지엽적인 것은 과감히 버리고, 글 전체의 논지를 꿰뚫어볼 수 있는 핵심 사안을 정리하는 일이다.

> **예문**
>
> 지금까지 최근 인터넷 패러디의 양상과 문제점, 그리고 그것의 원인, 해결책과 그의 예시를 살펴봤다. 현재 인터넷 패러디의 문제점은 크게 인터넷 패러디가 가지고 있는 패러디 자체의 문제점과 그런 문제 있는 패러디가 만들어짐으로써 사회적 문제가 발생하는 데 있다. 이러한 문제

점을 해결하는 데는 패러디를 만들고, 감상하는 개개인의 의식 개혁이 우선 필요하다. 타인의 권리에 대한 의식, 저작권에 대한 올바른 이해, 패러디 창작의 한계, 패러디 본연의 역할에 대한 이해가 선행되어야 할 것이다.

– 학생글에서

정보화시대를 맞이하여 인터넷 패러디 문화의 양상에 대한 논의를 한 후 그 핵심적 내용을 요약, 정리하고 있는 글의 결미 부분이다. 이렇게 결미에서 다시 한번 글쓴이의 중심 생각을 간명하게 정리해주면 결미로 손색이 없다.

② 본문에서 미처 논의하지 못한 사항을 과제로 제기

글을 쓰다보면 본론에서 충분히 논의하지 못한 사항이 있는 경우가 종종 있다. 이 경우 글의 논지 흐름을 고려해볼 때 다른 글에서 본격적으로 논의를 펼쳐야 할 것이다. 그럴 경우 결미에서 논의가 미진한 사항을 언급하면서 다른 기회를 통해 그 문제를 다룰 수 있는 여지를 남겨두어도 무방하다. 즉 새로운 과제를 제기하는 방식으로 결미를 쓸 수 있다.

예문

이런 사실을 감안할 때, 군사분계선의 철폐와 비무장지대의 보존을 함께 추구하는 만만찮은 규모의 노력이 '문화예술운동'의 형태로 출발했다는 사실은 뜻깊다. 생태계 파괴의 위기와 인류문명 파탄의 위협에 몰린 오늘의 세계는 틀에 박힌 계산보다 상상력의 발동을 겪은 계산을 요구하고 있다. 그러므로 이 문화예술운동에 전문적인 학자들이 동참하는 것 또한 당연하며, 국제적인 연대가 이미 시작된 점도 고무적이다. 앞으로 이 운동이 분단체제극복운동과 세계체제변혁운동의 일환으로서 그 상상력과 실행력을 꾸준히 높여나가기를 바란다.

– 백낙청, 「분단체제 극복과 생태학적 상상력」, 『흔들리는 분단체제』, 창비, 1998. 부분

분단체제극복운동의 일환인 문화예술운동에 의미를 부여하고 있다. 글의 결미에서 이 문화예술운동을 생태학적 상상력과 관계가 있다는 점이 시사되고 있을 뿐, 본격적인 논의는 하고 있지 않다. 이러한 결미를 통해 글쓴이뿐만 아니라 글을 읽는 사람들도 이러한 새로운 과제에 대해 생각해볼 수 있는 좋은 기회를 가질 수 있다.

③ 앞으로 내다볼 수 있는 전망 혹은 어떤 대안을 제시

결미의 또 다른 기능은 지금 실현되지 않았으나, 미래에 실현 가능한 부분을 전망해낼 수도 있다는 점이다. 그리고 어떤 문제의 해결책이나 대안을 모색할 수도 있다. 여기서 각별히 염두에 두어야 할 점은 상투적 전망이나 현실적 대안과 거리가 너무 먼 대안을 제시해서는 안 된다는 사실이다. 뿐만 아니라 도덕적 각오를 다짐하는 전망 역시 좋은 결미로 볼 수 없다.

　　공유는 개념을 넘어 행위로 구현되어야 의미가 있다. (중략) 우리는 지역공동체 차원에서 공간을 재구성하고 활성화하려는 다양한 시도들이 일어나고, 주민의 참여가 어느 때보다 중요하게 인식되고 그 주도성이 더욱 강화되는 시대를 살아가고 있다. 이러한 상황 속에서 지역공동체의 개입과 소유권의 확대는 필수불가결한 요소이며 이는 젠트리피케이션이라는 현상을 긍정적으로 작동시킬 수 있는, 구조를 변화시키는 새로운 구조 차원에서도 중요하다. 단순한 물리적 소유를 넘어서 '함께 만든 가치를 공유'하는 것은 주민들이 지역의 가치를 누릴 권리와 함께, 그것을 만들어가는 책임을 '공유'하는 일이다. (중략) 아직은 미비하지만 이러한 움직임들이 모이다보면 우리 사회의 구조는 조금씩 변화될 것이라고 생각한다. '함께 만든 가치의 공유'를 경험하는 일이 먼 이야기가 아닐 수 있다.

– 전은호, 「젠트리피케이션 넘어서기–사유에서 공유로」,
『창작과비평』 제177호, 2017년 가을호. 부분

　　한국사회가 지향해야 할 '공유'의 방향성에 관한 글의 끝부분이다. 필자는 진정한 공유는 '함께 만든 가치를 공유'하는 것이라고 설명한다. 더불어 앞으로 우리 사회가 만들어가야 할 새로운 가치 기준이라고 부연한다.

2) 본문 쓰기

현대사회는 다양한 형태의 글쓰기를 요구한다. 여러 형태의 글쓰기 유형 중 최근 많은 사람들에 의해 주목되는 형태의 글쓰기로는 '비판적 글쓰기'와 '예술적 글쓰기'가 있다. 이 두 가지 형태의 글쓰기는 이성과 감성의 활동에 비중을 둔다는 점에서 다른 형태의 글쓰기와 상대적으로 비교할 때 중요성을 띤다고 볼 수 있다.

다원적 가치가 존중되면서 서로의 의견이 차이를 보일 때가 종종 있다. 합리적 의사소통을 위해 상대방의 의견에 대한 수용과 비판이 그 어느 때보다 절실해지고 있는 추세다. 그런가 하면 문화의 시대를 맞이하여, 여러 분야의 예술작품을 향유할 기회가 점점 늘어나고 있다. 이제 예술 감상은 종래의 소극적 단계에서 벗어나 자신의 비평적 관점에 의해 주체적으로 향유해야 한다. 따라서 '비판적 글쓰기'의 경우가 인간의 이성적 활동을 염두에 둔 것이라면, '예술적 글쓰기'는 인간의 감성적 활동에 비중을 둔 것이라고 볼 수 있다. 물론 인간의 이성과 감성은 양립하는 게 아니라 서로 변증법적 관계를 맺고 있다.

(1) 비판적 글쓰기

최근 우리 사회가 형식적 민주주의의 정착 과정 속에서 눈에 띄게 달라진 점이 있다면, 사회 구성원들의 다양한 의견이 서슴없이 표출되고 있다는 점이다. 물론 여기에는 인터넷의 급속한 보급에 힘입어 네티즌들의 다양한 언로(言路)를 확보하고 있다는 사실을 쉽게 지나칠 수 없다. 이른바 자게문화(자유게시판 문화)와 각종 SNS를 통해서 네티즌들은 누구의 간섭도 없이 자신들의 자유로운 의견을 마음껏 개진하고 있다. 지금, 이곳의 우리 사회는 전세계의 그 어떠한 나라보다 '언어의 민주화'가 가속도로 진행되고 있는 실정이다.

이러한 '언어의 민주화'를 앞당기고 있는 것 중 하나가 바로 '비판적 글쓰기'다. 그동안 비판문화에 익숙하지 않았던 우리의 현실을 감안해볼 때, 최근 몇 년 사이에 봇물 터지듯이 쏟아지고 있는 비판의 언어들은 사회의 제도적 민주화 못지않게 사회 구성원들의 일상적 삶에서 민주화를 향한 욕망을 구체화시키고 있다는 점에서 그 중요성을 생각해볼 수 있다.

그렇다면 비판적 글쓰기를 실천하는 과정에서 어떠한 점에 유의해야 할까.

① 비판의 논점을 분명히 세워야 한다

비판적 글쓰기에서 가장 기초적인 사항이라고 할 수 있다. 비판의 대상을 향한 비판의 논점이 분명하지 않을 경우 그 비판은 자칫 비난으로 오해받기 십상이다. 무엇을, 왜, 비판해야 하는지, 비판적 문제 시각을 명료히 하는 게 비판적 글쓰기 기초인 셈이다.

예문

사실 본격적으로 뻔뻔함을 생각하게 된 계기는 MB 정권 초기 장관 인사청문회였다. 적반하장이란 말도 어울리지 않는 소통불가 상태. 모 장관 후보자는 자녀의 의료보험료 미납이 문제가 되자 "미국에서 공부

하고 나중에 한국에 들어와서 애국할 애를 격려하지는 못할망정…"이라
며 눈물을 보였고, 땅 투기 의혹을 받은 후보자는 "땅을 사랑할 뿐"이라
고, 수십 건의 건물을 소유한 후보자는 "남편의 사랑의 선물일 뿐"이라
고 말했다.

　뻔뻔함은 자기 보호를 위한 위악(僞惡)이 아니다. 진정성 넘치는 자기
확신이다. 또한 이들은 약간의 조증(躁症) 상태로 자신감 넘치는 즐거운
생활을 한다. 상대가 강자와 약자냐에 따라 얼굴 표정이 급변하는 '재능'
도 있다. 이들은 정신병자가 아니다. 건강하다. 정신병은 뻔뻔한 사람에
게 피해 입은 착한 이들이 걸린다. 자신의 지나친 자신감을 불편해하는
이들을 무능하다고 비웃으며 성공에 강한 집념을 보인다. 사과나 양보
를 굴복으로 생각한다. 양심과 윤리, 부끄러움은 자신의 질주를 방해하
는 도로의 불필요한 표지 같은 것이다.

– 정희진, 「뻔뻔함으로부터의 도피」, 『경향신문』, 2013.6.6. 부분

　한국사회의 새롭게 등장한 인간형을 설명한 글이다. 필자의 설명을 빌
자면 이런 사람들은 '이해·분석·설명'이 불가능한 인간형이다. 자신과 가
족 내지는 주변인들의 이익을 위해서는 공공의 질서나 타인의 불편 따위
는 전혀 고려대상이 아니다. 인간으로서 기본적으로 갖추어야 할 염치가
없는 자기중심적 사고방식으로 세상 속에서 존재한다. 필자는 이런 인간
형을 뻔뻔한 인간형이라고 단정 짓는다. 필자는 뻔뻔한 인간형에 대한
비뚤어진 사고방식을 예각적 시선으로 날카롭게 비판한다. 이처럼 비판
의 대상과 논점을 분명히 할 때 글쓰기는 비판의 힘을 얻을 수 있다.

② 비판은 비판 대상과의 생산적 대화다

비판적 글쓰기를 읽다보면 흔히 접할 수 있는데, 비판자가 비판 언어에 도취된 채 비판 대상과의 대화를 염두에 두지 않는다. 비판적 글쓰기에서 경계해야 할 것은 비판은 비판 대상과의 첨예한 쟁점을 형성하는 데 그치지 않고, 그 쟁점에 대한 이견을 나누면서 서로 어떤 해결점을 모색하는 '상생의 대화'를 갖는다는 점이다. 비판 대상과의 이러한 관계 설정이 안 될 경우 비판적 글쓰기는 비판주체의 일방적인 나르시시즘으로 전락하기 십상이다.

예문

제3세계의 학문은 국제적인 유대를 가지고 세계사의 보편적인 방향을 함께 모색하는 작업을 해야 한다. 제국주의의 침략에 맞서서 민족의 생존을 옹호하고 민족해방을 이룩하기 위해서, 민족허무주의를 극복하고 각자의 장점을 인식하는 것이 우선 긴요한 과제였다. 현재의 불행을 극복하는 저력을 찾기 위해서 과거의 역사와 잠재되어 있는 문화 역량을 재인식하고 미화하는 것이 제3세계 학문의 첫 번째 과업으로 등장했다. 그러나 제국주의에 맞서서 민족의 해방을 이룩하기 위해서는 제국주의의 허위와 기만에 대한 총체적인 비판을 하고, 세계사의 새로운 방향을 설득력 있게 제시하는 이론을 마련해야 했다. 그래서 제3세계 학문이 자기 민족 미학의 단계를 벗어나 국제적인 유대를 강화하고, 자기 민족을 연구한 성과를 서로 연결시켜 제3세계 일반의 보편적인 이론을 마련해야 했다.

– 조동일, 『우리 학문의 길』, 지식산업사, 1993. 부분

우리 학문의 자생적인 길을 모색하기 위해 저자는 제3세계의 학문 풍토를 비판적으로 검토하였다. 여기서 지나칠 수 없는 것은 우리 학문의 자생적인 길뿐만 아니라 제3세계 학문의 발전을 함께 모색한다는 점이다. 즉 비판의 대상과 함께 더 나은 방향을 모색하고 있는, 생산적 대화를 나누고 있음을 알 수 있다.

　　③ 비판의 근거 자료를 확보해야 한다

　　어떤 사항을 비판하여 비판 대상으로부터 설득력을 끌어내기 위해서는 비판의 근거 자료를 확보해야 할 것이다. 비판의 근거도 없이 일방적으로 비판자 마음대로 비판의 언어를 구사할 경우 그것은 바로 '언어의 폭력'과 다를 바 없다. 서로 다른 의견을 갖고 있는 상대방끼리 상대방의 설득력을 최대한 얻기 위해서는 비판의 타당성과 정당성을 확보할 수 있는 신빙성 있는 자료에 근거해야 한다.

> **예문**
>
> 　　1876년 강화도 조약이 체결된 후 일본의 요구로 부산, 원산, 인천이 개항하고 그곳에 일본 영사관이 개설되었는데, 이들 영사관에서는 일본 외무성 통상국 앞으로 계속 영사보고서를 보냈다. 일본이 독도를 '영토 편입'하기 3년 전인 1902년 10월 16일자 보고를 보면 "(울릉도)동쪽 50해리에 세 개의 작은 섬이 있는데 이것을 '리양코' 섬이라 한다. 우리나라 사람(일본인)은 송도라고 하는데 전복이 다소 생산되어 울릉도에서 출어하는 사람들이 있다. 그러나 섬에는 마실 물이 적어서 오래 출어

할 수 없고 4, 5일간 머물다가 울릉도로 귀향한다."고 했다. 일본 영사관 보고인데도 울릉도의 조선 어민들이 독도에 출어한다고 했을 뿐 일본인이 출어한다는 말은 전혀 없음을 볼 수 있다.

- 강만길, 「독도는 일본 자료로서도 일본 땅이 아니다」, 『우리 역사 속 왜?』, 서해문집, 2002. 부분

한국과 일본 사이에 독도를 중심으로 한 영토 분쟁에서 일본의 억지주장을 자료에 근거하여 비판하는 부분이다. 일본 측의 객관적 자료를 통해서도 독도가 일본의 영토가 아니라 우리의 영토라는 사실임을 비판적으로 논의하고 있다. 이렇게 비판의 대상을 향해 비판의 근거 자료를 제시하는 것 또한 비판의 설득력을 높일 수 있다.

④ 비판은 비판 주체의 자기 성찰이다

비판적 글쓰기의 매력은 무엇보다 상대방의 문제점을 예각적으로 비판하는 과정 속에서 비판자 자신을 향한 자기 성찰의 기회를 가질 수 있다는 점이다. 다른 사람을 향한 비판은 그것으로 끝나는 게 아니라 그 비판이 바로 자신을 향한다는 사실을 염두에 둘 필요가 있다. 즉 비판적 글쓰기를 하면서 비판의 대상뿐만 아니라 비판자 자신을 함께 성찰할 수 있어야 할 것이다.

예문

　　그러하기에, 진정한 비평가라면 '자신의 비평 쓰기가 혹시 편협한 당파성이나 주관적인 평가에 함몰된 것은 아닌가'라는 반성적 자의식을 지속적으로 지녀야 할 것이다. 또한 자신의 비평이 무의식적으로, 혹은 의식적으로 일종의 문학적 권력으로 작동하고 있다는 사실에 대한 냉철한 인식 역시 비평가가 지녀야 할 중요한 덕목 중의 하나일 것이다.

　　중요한 것은 자신의 비평이 탈권력적이라고, 혹은 자신의 글쓰기가 권력에 대한 저항이라고 주장하는 태도가 아니라, 자신의 글쓰기도 거의 무의식적인 차원에서 권력과 연계될 수 있다는 사실에 대한 뼈저린 자각이 아닐까 생각된다.

– 권성우, 『비평과 권력』, 소명출판, 2001. 부분

　　비평가의 비판적 글쓰기를 논의하면서 비판을 시도하는 비평가의 자기 성찰에 대한 점을 강조하고 있는 글이다. 위 글을 통해 읽을 수 있듯이, 비판의 대상을 향해서는 날카로운 문제의식을 던지되, 그 문제의식은 비판자를 향해서도 던져야 한다는 사실을 알 수 있다. 말하자면 비판의 자기 인식이 치열해야 한다.

(2) 예술적 감수성 글쓰기

우리 주변에는 문화체험을 할 수 있는 기회가 다양하다. 문화는 이제 더 이상 삶의 잉여의 차원으로 간주될 수 없다. 다양한 문화예술을 주체적으로 향유함으로써 문화시민의 역량을 지닐 수 있는 것이다. 여기서 문화예술을 주체적으로 향유하는 방법으로서 문화예술에 대한 글쓰기가 근래 주목을 끌고 있다. 아름다움을 추구하는 욕망은 인간의 본연적 욕망인바, 문화예술을 적극적으로 향유하는 일환으로써 어떤 미적 태도를 갖고 해당 문화예술에 대한 글쓰기를 시도하는 것은, 이제 전문가만의 역할로 국한되지 않는다.

이러한 글쓰기를 할 때 몇 가지 유의할 사항으로는 다음과 같은 것이 있다.

① 자신의 독창적 심미안을 최대한 발휘하라
② 사회적 맥락 안에서 문화예술을 향유하라
③ 비판적 태도를 지니고 문화예술을 향유하라

예문

음악이란 무엇인가. 시란 무엇인가. 여태껏 그 답을 알기 위해 걸어왔는데, 지금도 답을 모른다. 답이 없다는 사실이 정답일지 모른다. 이런 내가 시와 음악을 동시에 이야기하려 했던 것이다. 훗날 시와 음악의 '황홀'의 비밀을 알아낼 것이라고 나는 기대하지 않는다. 다만 행복을 찾아가는 여정을 멈추지 않을 것이라고 다짐한다. 낙타 대상들(「Camel

Caravan Drivers」)과 나는 걸어간다. 음악의 대지 쪽으로, 낙타처럼 시와 함께.

　아바(Abba)와 비틀즈(Beatles)에서 시작하여 1980년대 팝송 속에서 맞이한 대학 시절, 낮에는 민중가요와 혁명가의 폭격을 받았다. 밤은 술과 꿈과 낭만의 시간. 김광석, 시인과 촌장, 양희은, 엘튼 존(Elton John), 왬(wham)……. 그 끝에 전영혁과 성시완. 군대에서 얼터너티브락과 메탈을 만났다. 지금은 이 세상에 없는, 어느 대학 락 밴드 리드 기타리스트였다가 나의 군대 후임이 되었던, 총순에게 너바나(Nirvana)와 메가데쓰(Megadeth)를 소개받았다. 청춘의 불꽃이 타올랐고, 몸은 재가 되었고, 음악으로 무장한 채 세상으로 들어갔다. 생의 고비마다 음악이 있었다. (중략) 그들의 연주와 노래를 아끼고 숨기고 싶어 말하거나 내보이기를 꺼렸다. 좋은 음악을 혼자만 듣겠다는 심보도 없지는 않았다. 그들에 대한 정보는 인터넷으로도 파악하기가 어렵고, 있다 해도 상세하지 않다. 그나마 음악 동영상은 유튜브에서 접하기가 쉬워 다행이다. 시간이 흘렀고, 나도 변했다. 세월이 그들을 조금씩 허물고 있다. 그들이 더 늙기 전에, 여러 사람들에게 그들의 음악을 알리고 싶은, 나누고 싶은 마음이 간절하다. 투바(Tuva) 공화국의 밴드 '훈 후르투'.

– 장석원, 『미스틱』, 파란, 2019. 부분

　시인 장석원이 투바 공화국의 밴드 '훈 후르투'를 소개하는 글의 첫 부분이다. 시와 음악에 대한 사유로 시작해 자신의 음악 애호(愛好)의 역사까지 담담한 어조와 문체가 돋보이는 글이다. '문학적인 것'과 같은 고착화된 관념에서 탈주하는 독창적 시선은 21세기 새로운 예술적 글쓰기의 한 전형이다.

3) 제목과 부제목 및 목차 쓰기

(1) 제목과 부제목 달기

글의 제목은 글 전체의 거시적 윤곽을 드러내준다는 점에서 대단히 중요하다. 글을 읽기에 앞서 제목을 보는 순간 글 전체에 대한 밑그림이 그려진다는 점에서도 결코 소홀히 할 수 없다. 그런데 과제물로 제출한 학생들의 글을 읽다보면, 제목을 아무렇게나 정하는 경우를 쉽게 보게 된다. 어떤 학생들인 경우 과제로 낸 주제를 보고서의 제목으로 삼기도 하고, 아예 제목도 없이 보고서를 내는 경우도 있다. 글의 제목은 글 전체의 성격을 가늠할 수 있게 해준다는 점에서 각별히 신경을 써야 한다.

글의 제목은 글을 쓰기 전에 미리 생각해두는 경우도 있으나, 대부분 글을 다 쓴 후에 적합한 제목을 정한다. 제목을 정하는 뚜렷한 원칙은 없다. 하지만 글의 제목이 너무 산만한 느낌을 주거나, 개성과 독창성 없이 상투적인 면은 경계해야 한다.

즐겨 사용하는 제목의 형태를 몇 가지 사례 중심으로 살펴보자.

① 글 전체를 지배하는 핵심어 제시

글 전체를 관통하고 있는 지배적 이미지가 있다면, 그 이미지를 간명하게 드러내줄 수 있는 단어로 제목을 삼을 수 있다. 이 경우 제목이 간단명료하여 많은 사람들에게 쉽게 각인된다는 이점이 있다. 문예창작물의 제목에 자주 사용된다.

예) 폭식, 타인의 고통, 인정투쟁, 시장의 역사 등

② 글의 주제를 함축하는 문장형으로 제시

문장이 글의 제목인 경우를 흔히 접하게 된다. 글쓴이가 의도하는 주제와 문제 시각을 예각적으로 짚어내는 문장을 제목으로 정할 수 있다. 이 경우 주의해야 할 점은 지나치게 추상적이거나 긴 문장을 제목으로 정하는 것은 피해야 한다. 가급적이면 간명한 문장으로 글의 제목을 드러내는 게 효과적이다.

　예) 한국 민주주의는 저항의 역사다, 저탄소 녹색성장은 가능한가? 등

글의 제목은 모호하지 않게 명료해야 한다. 그런데 글의 부제목을 표기하는 경우도 심심찮게 접할 수 있다. 글의 제목만으로는 글 전체의 의도를 정확히 드러낸다고 볼 수 없을 때 글의 부제목을 달기도 한다. 글의 부제목을 정했을 경우 좀 더 자세히 글 전체의 내용과 의도를 파악할 수 있는 이점이 있다. 유의해야 할 것은 글의 부제목은 글 제목보다 구체성을 띠어야 한다는 것이다.

　예) 이육사의 시세계–전통적 미의식과 혁명적 실천의 결합

만약 글의 제목을 '이육사의 시세계'로 정했을 경우는 대단히 광범위한 범주에 걸쳐 이육사의 시를 논의하고 있기에 그 글은 논지가 산만하다는 인상을 받을 수 있다. 이 같은 문제점을 해결하기 위해 '전통적 미의식과 혁명적 실천의 결합'이란 부제목을 병기함으로써 이육사의 시세계를 부제목의 관점으로 검토해보았다는 의도가 선명히 부각된다. 따라서 부제목이 없는 것과 있는 것은 이처럼 확연한 차이를 보인다. 모든 글이 부제목

을 달 필요는 없으나, 글 제목만으로 글의 의도가 부각되지 않을 경우 적절한 부제목을 생각해볼 수 있다.

(2) 목차 정하기

어떤 글을 쓰기 전에 개요 작성의 중요성에 대해서는 이미 살펴보았다. 작성된 글의 개요에 따라 전체 글의 목차는 자연스레 정해진다. 글의 목차를 일별해보면, 전체 글의 짜임새는 물론, 글의 핵심적 의도 또한 알 수 있다. 말하자면 글의 목차는 글 전체를 구성하는 골격 역할을 한다고 볼 수 있다.

다음 학생들의 보고서 중 목차의 몇 사례를 살펴보면서 목차 정하기를 연습해보자.

사례 1

제목 : 한국 드라마, 그 편협함에 대하여
– 상업주의의 영향을 중심으로

〈 목차 〉
1. 들어가며: 예술인가 상품인가
2. 한국 드라마에서 거세된 순수성
3. 소재의 자의적 제한
4. 이야기 전개와 인물의 비약
5. 외국의 경우
6. 우리나라의 경우
7. 맺는 말: 도구는 도구일 뿐이다

〈사례 1〉의 경우 제목과 목차의 연관성을 생각해보면, 글의 의도를 정확히 반영하지 못한 목차임을 알 수 있다. 목차의 개별 항목들이 서로 유기적으로 관련을 맺고 있지 못하다. 목차가 체계적이지 못하기 때문에 목차의 항목들만 보아서는 글 전체가 무엇을 논의하고 있는지가 모호할 따름이다. 가령, 3과 4는 2의 하위 목차의 성격을 지닌 것으로, 2와 대등한 위치에서 항목하기 힘들다. 그런가하면 5와 6은 2와 어떠한 관련을 지니고 있는지 또한 모호하다. 말하자면 〈사례1〉에서 보인 목차는 글 전체의 유기적 짜임새를 보여주지 못하는 목차인 셈이다.

사례 2

제목 : 원균 명장론, 이순신 두 번 죽이기
 - 원균과 이순신의 평가에 대한 논쟁
〈 목차 〉
1. 서론: 원균, 논쟁의 도마 위에 오르다
2. 원균 명장론을 파헤치다
   1) 시대에 등장한 원균 명장론
   2) 원균 명장론의 근거와 그 배경
   3) 원균 명장론의 허점
3. 결론: 원균 명장론에 대한 나의 입장

〈사례 2〉는 최근 이순신에 대한 재평가와 관련된 내용을 다룬 보고서다. 제목과 밀접한 연관성을 갖는 목차로 구성되어 있다. 목차의 짜임새 또한 유기적이다. 이처럼 전체 글을 검토하지 않고서도 목차를 통해서 글 전체의 윤곽을 파악하고 핵심을 짐작할 수 있다는 점에서도 목차는 중요하다.

제3절 글쓰기 마무리 단계

글쓰기 마무리 단계는 글쓰기 계획에 따라 글쓰기가 이루어졌는지 확인하고, 초고를 면밀하게 검토해서 문제점을 찾아내고 그것을 해결하는 과정이다.

그러나 대개 학생들의 글쓰기 과정을 살펴보면, 글쓰기 단계인 집필을 글쓰기의 시작이며 끝으로 여기고, 마무리 단계에 관심을 가지지 않는 경우가 많다. 집필과 동시에 아이디어를 생각해야 하고 마무리까지 하려니 글쓰기가 너무 어렵게 느껴지는 것이다. 글쓰기 전(前) 단계를 충실히 거치지 않으면 좋은 아이디어가 떠오르지 않을뿐더러 정리가 되지 않은 글이 되기 쉽다. 뿐만 아니라 글쓰기 마무리 단계를 거치지 않으면 글 전체의 흐름이 잘 전개되었는지 확인하지 못한다. 이러한 시행착오를 계속 겪게 되면, 글쓰기는 어렵고 부담이 되는 일로 여겨지게 된다.

글쓰기의 스트레스는 처음부터 만족할 만한 결과물을 얻으려고 하기 때문이다. 이는 결과적으로 글의 수준을 떨어뜨리는 결과를 가져올 뿐이다. 글쓰기 전의 준비 작업인 아이디어를 떠올리고 자료를 수집하는 절차를 충분히 거친 후, 글쓰기 단계에서는 개요에 따라 수집된 자료를 활용하여 글을 전개해 나갈 필요가 있다. 초고를 쓴다는 생각으로 일단 집필하고, 수정 작업을 염두에 두며 글을 쓰면 순조롭게 글이 나아갈 것이다. 즉, 글쓰기의 마무리 단계에서 문제가 되는 부분을 고쳐 쓰면 효율적으로 글쓰기를 할 수 있다. 다만 초고를 쓸 때 주의할 사항은 글의 내용이 곁길로 빠지지 않도록 하여 글의 일관성과 논점을 잃지 않도록 해야 한다는 것이다.

실제 대개의 학생들은 글쓰기 과정에서 글쓰기 전 단계와 글쓰기 마무리 단계가 더욱 중요하다는 사실을 간과하고 있다. 그래서 글쓰기가 스트레스가 되고 밀린 숙제를 하듯이 후다닥 해버리는 일이 다반사이다. 그러하니 자신이 쓴 글을 다시 볼 엄두가 나지 않는 것이다. 글쓰기 전 단계에서 아이디어를 구체화하고 자료 수집과 정리에 시간을 내지 않음으로써 글 내용이 피상적일 뿐 아니라 논리적 결함이 생겨도 고칠 엄두가 나지 않는 것이다. 글쓰기 전 단계를 충분히 거치지 않음으로써 글쓰기 마무리 단계도 완결되지 못하는 것이다.

글쓰기를 잘 하려면 각 글쓰기 단계를 충실히 지킬 뿐 아니라 각 단계별로 시간 할당도 합리적으로 설정해야 한다. 대개 학생들의 글쓰기 과정을 살펴보면 각 단계별 시간 배분이 균형 잡혀 있지 않다. 글쓰기 전 단계와 글쓰기 마무리 단계는 빼버리고 글쓰기 단계에만 거의 100%의 시간을 투자하고 있는 것이 사실이다. 적절한 시간 배분은 글쓰기 전 단계에 40%, 글쓰기 단계에 30%, 글쓰기 마무리 단계에 30% 정도를 할애하는 것이다.

글쓰기 마무리 단계에서는 글쓰기 계획에 따라 자신의 글을 검토하고 자신의 계획에 어느 정도 부합하는지 확인할 필요가 있다. 또한 글쓰기의 첫 목표와 일치하는지도 점검해야 한다. 또한 글쓰기 마무리 단계에서 해야 할 작업으로 고쳐 쓰기, 주석 달기, 참고문헌 작성하기가 있다.

1. 고쳐 쓰기

글쓰기 단계에서 집필이 끝난 상태의 글을 초고라 한다. 초고는 완성된 글이라고 볼 수는 없다. 초고는 여러 번 다듬고 고쳐 쓰게 마련이다. 고쳐 쓰는 과정에서 생각을 다시 정리할 수 있고 새로운 표현이 떠오를 수도 있다. 그래서 글쓰기에서는 글쓰기 마무리 단계가 꼭 필요하다.

글쓰기의 전체 과정 중 글쓰기 마무리 단계에서 가장 빈번하게 이루어지는 것이 고쳐 쓰기이다. 고쳐 쓰기를 통해서 초고를 더욱더 다듬을 수 있는데, 이는 완성도 있는 글을 위해 꼭 필요한 과정이다. 고쳐 쓰기는 잘못 쓰인 어휘나 맞춤법에 어긋난 부분만 고쳐 쓰는 것으로 끝나서는 안 된다. 문장 수준에서, 문단 수준에서, 글 전체 수준에서 문제가 되는 부분도 마찬가지로 고쳐 쓰기가 이루어질 필요가 있다.

1) 글 전체 수준에서 고쳐 쓰기

글 전체 수준에서 고쳐 쓸 때는 글의 전반적인 부분을 전체적인 관점에서 살펴야 한다. 먼저, 제목과 내용이 연관성이 있는지 살펴야 한다. 제목이 그 내용에 비추어 맞지 않는다고 생각되면 제목을 바꾸어야 한다.

제목은 글 전체 내용이 무엇인지 보여주는 것으로, 제목이 어떠하냐에 따라 읽히는 글이 되거나 읽히지 않는 글이 될 수 있다.

다음의 글을 읽고 적절한 제목을 달아보자. 내용을 포괄하면서도 독자를 끌어들일 수 있는 제목을 달아보자. 그리고 실제 제목과 비교해보자.

예문

40년 전 김현은 〈한국문학의 위상〉을 썼는데 그 도전적인 책의 서두는 한가한 에세이풍 회고로 시작한다. 소년시절 소설책을 읽는 그는 "아무짝에도 쓸모없는 이야기책을 읽어 무엇 하려느냐"는 어머니의 호된 꾸지람을 듣는다. 그는 머리 좋은 자식들이 으레 듣는 의사나 판검사 공부 대신 '아무짝에도 쓸모없는' 문학을 공부했고 비평가가 되어 마흔 나이에 어머니에게 이렇게 대답한다. "문학은 써먹는 것이 아닙니다. 그러나 역설적이게도 문학은 그 써먹지 못한다는 것을 써먹고 있습니다." 문학은 지드가 콩고에서 탄식했듯이 배고픈 사람에게 빵 하나 주지 못한다. 그러나 이 세상에 굶주리는 사람이 숱하게 존재한다는 추문을 퍼트림으로써 이 비정한 세계의 가혹한 현실을 폭로하고 선의의 양심을 부끄럽게 만든다. 문학은 그 쓸모없음이 마련해준 자유를 통해 실용주의에 매인 욕망에 수치심을 느끼게 하며 그 실용성의 억압으로부터 해방시켜준다. 김현은 아무짝에도 쓸모없는 문학의 쓸모는 정작 그 쓸모를 거부하는 데서 얻는 자유와 해방의 귀중함에 있음을 말하고 있었다.

그래, 그렇다. 사람은 쓸모없음의 인식을 통해 쓸모의 의미를 살피고 현실을 반성하며 거기서 문화와 예술, 과학과 기술의 발전을 이끌고 인문적 덕성과 윤리적 관용을 키우며 인간을 아름다운 가치의 세계로 고양한다. '호모 루덴스'(놀이하는 인간)의 쓸모없는 놀이의 추구와 그것들을 향한 열정이 인간의 자유로움과 거기서 얻는 해방감을 누리며 목적과 의무, 현실과 실용에 구속된 우리의 정신과 삶의 현장을 다시 바라보며 새로운 세계를 꿈꾸고 더 나은 미래를 향해 나아가도록 환하게 열어놓는다. 역사가 이 쓸모없음의 쓸모를 실현하는 역설의 진실화 과정이며 그 깨달음이 창의적 존재로서의 삶의 이상과 정신의 품위를 정향시킨다고 말하는 것은 지나친 인간주의적 오만일까.

– 김병익, 「쓸모없음의 쓸모」, 『한겨레』, 2018.7.13. 부분

또한 제목을 보고 그 글의 내용을 유추할 수 있다. 적절한 제목은 내용에 대한 길잡이가 되기도 한다.

다음의 제목을 보고 그 내용이 어떤 것인지 말해보자.

예문

"믿을 건 식구뿐"이라는 관용적 표현의 안경을 끼고 있으면 식구가 살인을 저질러도 그를 품어주는 가족만 보인다. 관용적 사유에 따른 습관적 사유에 빠지면 자식이 부모를 살해하는 존속살인이나 부모가 자녀를 살해하는 비속살해는 있을 수 없는 일처럼 보인다. 그러나 그렇지 않다. "믿을 건 식구뿐이다"라는 관습적 사유가 가리고 있는 냉정한 사실에 주목해 본다. 조사에 따르면 한국에서 벌어진 살인사건 중 존비속살해사건의 비중은 5%에 달한다. 미국이 2%이고 영국이 1%인 것에 견주어 대단한 수치이다. 게다가 존비속 살인사건은 온가족이 함께 모이는 민족 최대의 명절이라 칭송되는 추석 전후로 자주 발생한다. 이 통계를 최근에 사회가 흉흉해진 결과라고만 해석하면 적절하지 않다. 1775년 12월

부터 1800년 6월까지 정조가 직접 심리·판결한 중죄수에 대한 기록인 〈심리록〉에 따르면 전체 1004건의 살인사건 중 가족·친족이 대상인 살인사건이 전체의 16%를 차지하는 162건이다. 이 162건 중 절반에 약간 못미치는 70건이 남편에 의한 배우자 살인이다. "믿을 건 식구뿐이다"는 우리의 기대이지 사실은 아닌 것이다.

가족 중의 누군가가 중병에 걸렸다. 관용적 표현에 의한 사유의 관습에 의하면 아플 때 "믿을 건 식구뿐이다." 그렇다, 간병은 식구의 몫이다. 혹 그 식구가 시간이 없어 직접 간병할 수 없어 간병인을 고용할 경우 간병비 부담 또한 식구의 몫이다. 관용적 사유에 따르면 이것은 가족만이 보여줄 수 있는 아름다운 풍경이자 미풍양속이다. 식구 중 한 명이 치매에 걸렸다고 하자. 관용적 표현을 존중하는 관용적 사고에 따르면 이 또한 가족의 몫이다. 가족의 불행이기는커녕 얼마나 가족이 서로 사랑하는지 증명할 수 있는 기회이기도 하다. 식구도 알아보지 못하는 치매 걸린 남편을 지극정성으로 돌보는 아내, 혹은 그의 아들이나 딸은 방송용 소재로 적합하다. 방송으로 제작만 되면 당연지사로 최소한의 시청률을 확보하는 대감동의 휴먼 드라마이다.

관용적 표현의 안경을 다시 한 번 벗고 맨눈으로 세상을 본다. 2016년 통계로 파악되는 치매환자만 68만 명이다. 고령화 속도가 지금처럼 유지되는 한 2020년에는 84만 명, 2030년에는 127만 명까지 늘어나리라 예측된다. "믿을 건 식구뿐이다"가 변주되면 이렇게 눈덩이처럼 불어나는 치매환자를 돌볼 사람 역시 "식구뿐"이다. 남아 있는 식구가 노인이어도 상관없다. 노인이 치매 걸린 노인을 간병한다. "믿을 건 식구뿐"이기에.

74세 노인이자 남편이 있다. 아내가 치매에 걸렸다. 50년을 부부의 연을 맺고 살아온 가족이다. 아내의 치매증상은 점점 심해지는데, 매달 필요한 병원비는 월 120만원을 넘겼고 아내를 돌볼 사람은 "식구뿐"이나 오롯이 남편 몫이다. 자식들에게 도움을 요청하는 일은 점점 미안해진다. 치매 걸린 아내의 병간호를 해오던 74세 노인의 체력도 인내심도 한계에 도달했다. 결국 그 노인은 잠들어 있는 아내의 목을 조르고 자신은 농약을 마셨다. 이와 유사한 치매 걸린 배우자를 간병하던 노인이 저지른 배우자 살해 18건을 분석해보니, 배우자를 살해한 사람의 평균 나이는 77.2세이고, 이들은 평균 43년 동안 부부였고, 평균 5.7년 동안 간병했다. 간병의 책임과 간병의 비용을 부담하는 사람이 오로지 "식구뿐"일 때 일어나는 일이다. 여전히 아직도 "믿을 건 식구뿐"이어야 하는가? "믿을 건 국가뿐이다" 혹은 "믿을 건 사회뿐이다"라는 미래의 관용구가 도착할 시간은 아직 멀었는가?

– 노명우, 「'믿을 건 식구뿐'이라는 말에 갇힌 사람들」, 『경향신문』, 2017.5.16. 부분

다음으로 글 전체가 일관된 주제로 통일되어 있는지 검토해야 한다. 물론 일관성이 없는 부분은 과감히 삭제한다. 기껏 쓴 내용을 삭제하는 것은 아쉽지만 글 전체의 일관성을 위해서는 과감히 버릴 줄도 알아야 한다. 글의 설계도인 개요나 초고의 목차를 통해서 글의 내용을 확인해 보면 삭제할 부분이 드러난다. 그리고 경우에 따라서는 글 전체의 일관된 주제를 위해 내용을 추가할 수도 있다. 이 과정은 자칫하면 글 전체의 통일성을 흐릴 수도 있으므로 신중하게 작업해야 한다.

다음 목차를 보고 무엇이 문제인지 지적해 보고 수정해보자.

주제문: (제목) 종교의 세속화와 상품화

Ⅰ. 서론

Ⅱ. 본론

  1. 종교의 세속화

    가. 종교의 세속화의 개념

    나. 종교의 세속화의 원인

    다. 종교의 세속화에 관한 이론

    라. 종교의 세속화의 결과

  2. 종교의 상품화

    가. 종교상품화의 개념

    나. 종교 상품화의 원인

    다. 종교 마케팅

    라. 종교 상품화의 결과

Ⅲ. 결론

위의 목차가 지닌 가장 큰 문제점은 일단 글의 주제에 관한 사안이다. '종교의 세속화와 상품화'라는 제목은 오늘날 종교가 직면하게 된 세속화와 상품화라는 문제를 다루려 하는 듯 보이지만 실상 이 두 가지는 별도로 논의할 문제라 보기 어렵다.

좀 더 구체적으로 말하자면 '종교의 상품화'는 '종교의 세속화'의 범주 안에서 다루어도 될 사안이라 할 수 있기 때문에 차라리 '현대 사회와 종교의 세속화' 정도로 제목을 수정하고 상품화는 세속화의 하위 범주로 다루는 것이 바람직하다.

또한 본론 1과 본론 2를 살펴보면 '개념-원인-결과'와 같은 나열식 구성을 보여주고 있는데 이러한 목차 구성으로는 이 글이 무엇을 다루려 하는지 구체적으로 포착하기 어렵다. 한 편의 글을 작성한다는 것은 단순히 표면적인 현상이나 사실의 나열만으로 그쳐서는 안 되기 때문이다.

뿐만 아니라 이러한 병렬식 구성으로는 심도 있는 논의가 이루어지기 어렵다. 따라서 본론의 가에서 다루고자 하는 개념 부분은 서론에서 우선적으로 함께 논의를 진행하고 본론에서는 종교의 세속화 양상 및 이에 대한 원인 규명, 진단 등의 구체적인 작업이 이루어져야 할 것이다.

글을 점검할 때는 글의 처음과 중간, 끝 부분이 적절히 서술되어 있는지 확인할 필요가 있다. 첫 부분에서는 문제 제기가 적확하게 제시되었는지, 중간 부분에서는 다루어야 할 내용이 문단별로 잘 배열되어 있는지 살펴야 한다. 끝 부분은 중간 부분의 내용이 잘 요약 정리되어 있는지, 의의와 전망 등의 기술이 다소 무리가 없는지 살펴야 한다.

마지막으로 글의 내용이 논리적으로 전개되고 있는지 살펴야 한다. 특히 글의 중간 부분에서 내용의 배열이 논리적으로 이루어져 있는지 검토해야 한다.

2) 문단과 단락 수준에서 고쳐 쓰기

문단은 글 전체를 구성한다. 그러므로 문단 수준에서 고쳐 쓰기는 글 전체와 문단들이 잘 배열되어 연결되어 있는지, 문단 간의 관계가 적절한지, 문단마다 글의 통일성과 일관성을 갖추고 있는지 검토해야 한다. 또한 각 문단은 여러 단락으로 구성된다. 각 단락의 중심 문장과 뒷받침 문장의 연결이 논리적으로 문제가 없는지도 검토해야 한다.

문단과 단락 수준에서도 내용과 연관성이 없는 사족과 같은 부분은 과감히 버려야 한다. 그러나 반대로 세밀하게 접근하기 위해 문단을 새롭게 만들 수도 있다. 한 문단 또는 한 단락의 내용을 두 문단으로 나눌 수도 있다.

3) 문장 수준에서 고쳐 쓰기

문장 수준에서 고쳐 쓰기는 문장이 어법에 맞는지, 문장 성분들 간의 호응이 맞는지 살펴야 한다. 그리고 문장 구조가 복잡한 문장은 될 수 있는 대로 간결하게 고친다. 특히 글쓰기의 초보자가 가장 범하기 쉬운 잘못은 문장의 호응 문제이다. 문장을 이루는 성분이 제대로 갖춰져 있지 않거나 호응을 이루지 못하면 비문이 된다. 또한 문장에서 자동문과 타동문의 혼동, 특정한 성분이 없는 경우, 조사나 어미의 사용이 잘못된 경우, 접속어의 사용, 문장 어순 등도 주의해야 할 사안이다.

(1) 문장의 호응 관계

① 주어, 서술어의 호응

㉮ 주어에 알맞은 서술어로 마무리하는 것이 바람직하다.
- 그 표기법은 일찍이 체계화되어 여러 군데에 썼었다.
  - → 그 표기법은 일찍이 체계화되어 여러 군데에 <u>쓰였다.</u>

ⓝ 주어는 특별한 경우가 아니라면 생략하지 않는 것이 좋다.

- 현재 내가 살고 있는 강남은 예전에는 논밭이었던 곳으로 태어난 곳은 아니다.
  → 현재 내가 살고 있는 강남은 예전에는 논밭이었던 곳으로 <u>내가</u> 태어난 곳은 아니다.

② 조사의 호응

㉮ '에', '에게', '에게서', '로부터' 등의 의미를 명확히 한다.

- 주민들은 부당한 조치에 대해 관할 당국에게 항의를 했다.
  → 주민들은 부당한 조치에 대해 관할 <u>당국에</u> 항의를 했다.

③ 논리의 호응

㉮ 인과관계는 논리적 타당성을 바탕으로 이루어져야 한다.

- 우물물이 오염된 것으로 밝혀져, 여름철의 위생에 위협이 되고 있다.
  → 우물물이 오염되어, 여름철의 위생에 위협이 되고 있는 것으로 밝혀졌다.

④ 높임법의 호응

- 할머니, 아버지가 아직 안 오셨습니다.
  → 할머니, 아버지가 아직 안 왔습니다.

(2) 어색한 문장과 모호한 문장

① 어색한 문장 : 문장의 구조와 문법적 요소가 바르게 구성되지 못한 경우

- 그 메뉴는 엄마에 의해 골라졌다.
  → 엄마는 그 메뉴를 선택했다.

- 그가 좋아하는 것은 가방이지 운동화는 좋아하지 않았다.
  → 그는 가방을 좋아하고 운동화는 좋아하지 않는다.

- 그가 대학에 합격한 것이 그의 가족들에 의해 축하되었다.
  → 가족들은 대학에 합격한 그를 축하했다.

② 모호한 문장: 문장의 구조를 파악할 수 없거나 뜻이 이중으로 해석될 소지가 있는 경우

- 철수는 야구를 더 좋아한다.(비교 대상이 불분명)
  → 철수는 배구보다 야구 구경을 더 좋아한다.

③ 같은 말이 반복된 경우

- 역사상 존경받을 만한 사람들 중에는 인품이 뛰어난 사람들이 많다. 존경을 받을 만한 사람들의 뛰어난 인품은, 타고난 것이라기보다 자신이 갈고 닦아서 후천적으로 형성된 것이다.
  → 역사상 존경받을 만한 사람들 중에는 인품이 뛰어난 사람들이 많다. 그들의 이러한 뛰어난 인품은, 타고난 것이라기보다 자신이 갈고 닦아서 후천적으로 형성된 것이다.

(3) 바른 문장 작법을 위해 유의할 점

① 논리성이 갖추어지지 못한 문장은 인과관계를 잘못 설정한 경우가 많다. 이러한 경우 원인을 먼저 쓰고 결과를 나중에 쓰는 것이 좋다.

② 과도한 번역투의 문장을 삼가도록 한다.

③ 비속어나 은어 등은 글의 품격을 떨어뜨리므로 사용하지 않는 것이 좋다.

④ 주어와 서술어의 관계에 유의하자. 처음 주어가 사람이었는데 문장의 말미에 '~ 것이다.'로 끝을 맺는 실수를 종종 보게 된다. 이를 방지하기 위해서는 문장을 너무 길게 쓰지 않도록 하고 글을 쓴 뒤 호응관계를 따져보아야 한다.

⑤ 과도한 접속사는 사용하지 않도록 한다.

⑥ 맞춤법이나 정서법은 암기로 터득할 수 없다. 평소 독서를 통해 자연스럽게 습득하도록 하자.

4) 단어 수준에서 고쳐 쓰기

단어 수준에서 고쳐 쓰기는 어휘의 선택이 적절한지, 맞춤법과 표준어 규정에 맞는지 살펴야 한다. 국어 표기법인 한글 맞춤법, 표준어 규정, 외래어 표기법, 로마자 표기법을 숙지할 필요가 있다.

2. 인용과 주석(註釋) 달기

1) 인용(引用)

보고서나 논문을 작성할 때 다른 사람의 연구 성과나 자료를 인용하는 경우가 있다. 글에서 인용이 필요한 경우는 자료를 직접 보여주기 위해, 자신의 주장에 대한 근거로 활용하기 위해, 다른 사람의 의견이나 주장을 비판하기 위해 다른 사람의 글 일부를 자신의 글에 삽입하는 것이다. 적절한 인용은 자신의 글에 대한 타당한 근거를 제시하거나 설득력을 높여줄 수 있다.

인용은 '직접인용'과 '간접인용'의 두 가지 형식이 있다. 직접인용은 원문의 내용을 고치지 않고 그대로 인용하는 것으로 맞춤법이나 문장 부호 등의 표기 하나도 원문 그대로 실어야 한다. 따라서 글의 내용이 문법에 맞지 않거나 표기법이 틀렸다고 해도 이에 대해 수정을 가하지 않는 것이 원칙이다. 간접인용은 글의 내용을 원문대로 제시하지 않고 요약을 하거나 자신의 글에 맞게 바꾸어 서술하는 것이다. 주의해야 할 점은 글을 수정해도 본래 글이 가지고 있는 의미를 잘못 전달하지 않도록 해야 한다는 점이다.

인용을 할 때에는 어느 부분이 인용된 부분인가를 표시해주어야 한다. 내용이 많지 않을 경우 따옴표 (" ")로 표기하고, 글의 내용이 많은 경우에는 문단을 분리하여 인용문이 눈에 띄도록 구분하여 쓴다.

◇ 직접인용의 예

‖ 짧은 글 인용 예 ‖

카는 "역사란 역사가와 사실 사이의 부단한 상호작용의 과정이며 현재와 과거 사이의 끊임없는 대화"[1]라고 언명하면서 사실과 해석 사이의 중재를 역설한다.

---

1) E. H. 카, 『역사란 무엇인가』, 33쪽.

– 김현자, 『신화, 신들의 역사 인간의 이미지』, 책세상, 2004. 부분

‖ 긴 글 인용 예 ‖

그는 독자들에게 시인이나 연대기 편자들의 기록물은 신뢰할 수 없는 것인 반면 그 자신의 역사는 공평하고 정확하다는 것을 말하고 난 뒤에, 자신의 글쓰기의 전제를 밝히고 있다.

> 역사를 서술할 때 나는 정해진 연설문을 사용하였다. 그것들은 방금 전에 막 연설하거나 전쟁 중에 연설한 것들이었다. 나는 내가 직접 들었던 연설에 사용된 말도 정확히 기억하기가 어렵다는 것을 알게 되었으며, 나에게 정보를 준 다른 사람들도 똑같은 어려움을 겪었다는 것을 알게 되었다. 그래서 나는 실제로 연설된 말의 일반적인 의미에 가능한 한 가장 가깝도록 하면서, 내 생각에 연설자들이 각각의 상황에 가장 잘 맞는 것을 말하도록 하는 방법을 사용했다.[1]

---

1) Thucydides, *History of the Peloponnesian War*, trans. Rex Warner. intro. and notes M. I. Finley(New York : Penguin Books, 1982), p.48.

– 루샤오펑, 조미원 외 역, 『역사에서 허구로(From Historicity to Fictionality)』, 길, 2001. 부분

◇ 간접인용의 예

데리다나 로티는 문학과 철학의 구별이 있을 수 없다고 당당히 주장하고 나선다.[1]

---

1) 데리다의 De la grammatologie(Paris:Minuit, 1967), 로티의 "Deconstruction and Circumention", Essays on Heidegger(Camdridge University Press, 1991.) 참조.

－박이문, 『박이문의 문학과 철학 이야기』, 살림, 2005. 부분

직접인용과 달리 간접인용은 글의 본래 내용을 확인하기 어렵다. 위의 인용문은 데리다와 로티가 실제로 쓴 원문이 그대로 실려 있지 않기 때문에 이들이 실제 책에서 어떻게 기술했는지는 문장 그대로를 정확히 알 수 없지만 글쓴이는 두 사람의 주장을 정리하여 소개하고 있다.

중요한 점은 직접인용이든 간접인용이든 자신의 글이 아니기 때문에 글의 출처를 반드시 밝혀야 한다는 것이다.

인용문의 출처를 명기하는 방식이 바로 주석달기이다.

2) 주석달기의 실제

주석이란 원래 단어나 문장의 뜻을 쉽게 풀이한 글을 뜻한다. 그러나 통상 글이나 책에서 주석이라 함은 ①본문에 직접 인용한 자료의 출처를 밝히기 위해, ②본문을 작성할 때 참조한 자료의 출처를 밝히기 위해, ③ 독자가 더 참조하길 바라는 자료의 출처를 밝히기 위해, ④본문에서 미처 설명하지 못한 내용을 보완하기 위해, ⑤상당히 중요한 사항이지만 본문

에 직접 넣으면 글 전체의 흐름에 방해가 되는 내용을 적기 위해 사용한다. 요컨대 자료의 출처를 밝히거나 본문의 내용을 보완하기 위해 주석을 단다.

주석은 그 형식에 따라 ①본문 각 쪽의 아래에 기입하는 각주(脚註, footnotes), ②글의 말미나 책의 마지막 부분에 기입하는 미주(尾註, endnotes), ③본문 내에 기입하는 본문주(本文註, parenthetical reference) 등 세 가지가 있다. 우선 각주 형식은 학위 논문이나 일반 연구 논문 등 전문적인 학술문을 작성할 때 자주 쓰인다. 본문 바로 아래에 있어 독자가 참고하기 쉽기 때문이다. 이에 비해 미주 형식은 전문적인 내용을 다룬 글이라 하더라도 좀 더 많은 독자들이 편하게 읽을 수 있기를 바랄 경우 흔히 사용한다. 주석을 미주로 처리하면 각주나 본문주로 처리할 때보다 가독성이 훨씬 높아지기 때문이다. 본문주 형식은 비교적 글의 분량이 짧거나 주석이 몇 개 되지 않을 때 쓰는데, 본문 내에 괄호를 사용하여 자료의 출처 등을 밝히는 방식이다.

그리고 주석은 그 목적에 따라 ①인용하거나 참조한 자료의 출처를 밝히기 위한 주석과 ②본문에서 미처 다루지 못한 내용을 적거나 부연 설명을 적는 주석으로 나눌 수 있는데, 특히 ②를 설명주라고 이른다.

주를 기재하는 형식은 학문 분야별로 차이가 있으므로 해당 교과목에서 정하는 기준을 따르면 된다. 그러나 주의할 점은 어떤 기준을 따르든 간에 기재 방식에 일관성이 있어야 한다. 학문 분야별로 차이가 있다고 하더라도 기본적으로 서지를 기술하는 기재 사항은 거의 같다.

(가) 기본 기재 사항

저자명, 「작품명」, 『단행본명』, 출판사명, 출판연도, 쪽수.

(나) 서지 사항 작성 시 원칙

① 통일성이 있어야 한다. 특히 서지 사항 작성 순서, 약물 등은 반드시 통일해야 한다.

② 정확해야 한다. 즉 기본 기재 사항을 포함한 모든 서지 사항은 문헌 자료에 적힌 그대로 옮겨 적어야 한다. 서지 사항은 대개 판권에 적혀 있으니 자료를 구할 때에는 판권 부분이 있는지 반드시 확인해야 한다.

(다) 저자 표기 방법

① 저(著): 직접 저술한 경우. 통상적으로 '저' 표기는 생략한다.

② 편(編): 다른 사람(들)의 글(들)이나 책을 편찬한 경우.

③ 편저(編著): 편찬하고 일부를 직접 저술한 경우.

④ 편역(編譯): 원저서물 가운데 일부 혹은 전체를 새롭게 편찬하여 번역한 경우.

⑤ 편역저(編譯著): 원저서물 가운데 일부 혹은 전체를 새롭게 편찬하여 번역하고 일부를 직접 저술한 경우.

⑥ 여러 사람이 공동으로 펴낸 경우에는 앞에 '공(共)-'을 붙인다: '공저', '공편' 등.

⑦ 필자가 여러 명일 때 대표 필자만 적고 다른 필자(들)의 이름은 생략하여 적을 경우에는 앞에 '외(外)-'를 붙인다: '외저', '외편' 등.

(라) 약물명 및 사용처

①「 」: 낫표(단낫표, 낫표 괄호) – 작품명, 연구 논문명 등.

② 『 』: 겹낫표(겹낫표 괄호) – 단행본명, 장편소설명, 저널명 즉 신문지
　명, 월간지명, 계간지명, 반년간지명, 연간지명, 무크지명, 학술논문집
　명(학회지명) 등.

③ [ ]: 꺾쇠 묶음 – 인용 시 인용자 임의로 원문의 일부를 고쳤을 경우 해
　당 부분 앞뒤에 기재.

④ ' ': 작은따옴표 – 강조 혹은 간접 인용, 직접 인용 후 재차 직접 인용
　부분 가운데 일부를 표기할 경우, 글제목 등.

⑤ " ": 큰따옴표 – 직접 인용, 영문 서지 작성 시 작품명이나 연구 논문명,
　책제목 등.

◇ 주석 달기 사례

가. 단행본

〈국내저서〉

임지현, 『민족주의는 반역이다』, 소나무, 1999, 33쪽.

고명철 외, 『공학적 의사소통』, 보고사, 2012, pp.109-110.

이광모 외, 『논증과 글쓰기』, 형설출판사, 2006, 52면.

김성기 편, 『모더니티란 무엇인가』, 민음사, 1994, 35쪽.

정재서, 『불사의 신화와 사상』, 민음사, 1994.

어빙 코피 외, 류시열 외 옮김, 『논리학 입문』, 경문사, 2000, 366쪽.

조지 오웰, 도정일 옮김, 『동물농장』, 민음사, 2001, p.58.

※ 페이지를 기술할 때 쪽, 면, 영어의 p로 표시한다. 영어표기를 사용할 경
우 단면을 인용한 경우에는 p로, 여러 페이지인 경우 pp로 표기한다. 어느 형
식을 사용하든 무관하지만 주의할 점은 한 편의 글에서는 페이지 표기를 한가
지로 통일해야 한다는 점이다.

<국외저서>

Paul de Man, *The Resistance to Theory*, London: University of Minnesota Press, 1986. p.36.

Walter Benjamin, "On Some Motifs in Baudelaire", *Illuminations*, New York: Schocken Books, 1969. pp.59-60.

나. 논문

<학위논문>

원진숙, 「작문 교육의 이론적 기초와 방법론 연구: 논술문 지도와 평가를 중심으로」, 고려대학교 박사학위논문, 1994, 155쪽.

정선경, 「『太平廣記』神仙故事의 時空間性 研究」, 연세대학교 박사학위논문, 2002, 23쪽.

<정기 학술지 및 간행물 논문>

전우용, 「청계천과 천변:공간과 상징의 역사적 변천」, 『서울학 연구』 제18집, 서울시립대서울학연구소, 2000, 27쪽.

이필렬, 「거리의 소멸, 경계의 소멸-디지털 혁명과 유전자 혁명이 초래할 21세 기의 변화」, 『창작과 비평』 제109호, 2000년 가을, 222쪽.

※ 앞에서 사용한 단행본(책)이나 논문을 다시 재인용하는 경우 :
서지사항을 전부 다 입력하지 않고 아래와 같이 간략하게 표시한다.

• 앞의 책(前揭書) : 앞 쪽에 있는 각주의 서지 사항과 동일한 경우에 사용한다.
예) 최인훈, 『광장』, 문학과 지성사, 1976, 78쪽.
    최인훈, 앞의 책, 90-92면.

- 위의 책(上揭書) : 같은 쪽 바로 위의 각주의 서지 사항을 이어받는 경우 사용한다. 이 경우에는 저자를 생략한다.

  예) 최인훈, 『광장』, 문학과 지성사, 1976, 78쪽.
     위의 책, 90-92면.

- 'op. cit.'는 'opere citato(in the work cited)'의 약자로 '앞의 책'과 같은 의미이다.

  예) Franco Moretti, *The Way of the World : The Bildungsroman in European Culture*, London : Verso, 1987, p.82.
     Franco Moretti, op. cit., p.45.

- ibid.는 'ibidem(in the same place)'의 약자로 '위의 책'과 같은 의미이다.

  예) Franco Moretti, *The Way of the World : The Bildungsroman in European Culture*, London : Verso, 1987, p.82.
     Ibid., p.85.

다. 신문기사

조우석, 「무너져 가는 문학 그 불길한 징후」, 『중앙일보』, 2010.2.5.

라. 인터넷 기사 : 전자주소를 표기한다.

http://design.co.kr/D/d200006/html/37.htm

마. 공연이나 영화

김민기(연출), 〈지하철1호선〉, 설경구·권형준·서지영·김학준(출연), 학전 블루, 2001.

봉준호(감독), 〈마더〉, 김혜자, 원빈(주연), CJ엔터테인먼트(배급), 2009.

3. 참고문헌 작성

참고문헌도 주석과 마찬가지로 상세히 적는다. 자료 수집의 대상이 되었던 문헌뿐만 아니라 참조 논저와 비판의 대상이 되었던 문헌들도 꼼꼼하게 작성한다. 참고문헌도 학문 분야마다 차이가 있으므로 해당 교과목이 정해준 기준에 따르면 된다. 주석을 달 때와 마찬가지로 기재의 일관성을 유지해야 한다.

참고문헌 목록을 작성하는 방법은 다음과 같다.

① 참고문헌 목록은 ㉮ 국내서, 번역서, 국외서 순; ㉯ 단행본, 석·박사학위논문, 일반 연구 논문, 일반 평론, 기타 에세이 순; ㉰ 필자명 순; ㉱ 발행연도 순으로 적는다.
② 주석과는 달리 참고문헌 목록을 적을 때에는 쪽수를 기입하지 않는다. 다만 참고문헌 가운데 일부분만 참조하였을 경우에는 해당 쪽수를 기입한다.
③ 참고문헌을 적을 때에는 반드시 마침표를 찍는다.
④ 번역서나 국외서 가운데 영문으로 된 참고문헌의 경우 책 제목은 이탤릭체로 표기한다.
⑤ 주석에서는 출판사명과 출판연도 등을 괄호 속에 묶는 경우도 있지만, 참고문헌 목록을 작성할 때에는 괄호를 쓰지 않는다.

◇ 참고문헌 작성 사례

광운대 교양국어 교재편찬위원회. 『말하기, 이젠 문제없다』. 보고사. 2009.
　　　　　　　　　　　　　　　. 『글쓰기, 이젠 문제없다』. 보고사. 2018.

김승옥. 『무진기행』. 문학동네. 2004.

신형기. 『민족 이야기를 넘어서』. 삼인. 2003.

이청준. 『당신들의 천국』. 문학과 지성사. 2012.

전우용. 「청계천과 천변:공간과 상징의 역사적 변천」. 『서울학 연구』 제18
    집, 서울시립대서울학연구소. 2000.

김석범. 김환기 외 역. 『화산도』 1. 보고사. 2015.

다치바나 다카시. 이정환 역. 『도쿄대생은 바보가 되었는가』. 청어람미디어.
    2002.

일리야 프리고진. 이덕환 역. 『확실성의 종말:시간, 카오스, 그리고 자연법
    칙』. 사이언스북스. 1997.

Geerth Clifford. *Interpretation of Cultures*. New York : Basic Books.
    1973.

◇ 글쓰기 윤리와 표절(剽竊)

　다른 사람의 글을 인용하면서 출처를 밝히지 않고 자신이 쓴 것처럼 적은 것을 표절이라고 한다. 표절은 의도적으로 다른 사람의 글을 도용하는 경우도 있지만 때로는 의도하지 않았으나 표절로 간주되는 경우도 있다. 설사 그러한 행위가 우연이거나 실수로 이루어진 것이라 해도 결과적으로는 표절에 해당된다. 다른 사람의 논문이나 책뿐만 아니라 영상, 도표, 건축 초안, 인터넷 자료 등을 출처를 명기하지 않고 사용한다면 이 역시 표절이다.

　학생들이 제출하는 보고서에서 종종 표절한 부분을 보게 된다. 의도적으로 남의 것을 베끼는 경우도 있지만 대부분의 경우는 출처를 밝히지 않은 실수에서 비롯된 것이다. 따라서 우연히 발생하는 표절을 방지하기

위해서는 항상 자료를 인용하는데 출처를 명기하는 습관을 가지도록 해야 할 것이다. 출처를 밝혔다고 하더라도 보고서에서 어떤 부분을 인용한 것인지 명확하게 표시하지 않았다면 이것도 마찬가지로 표절에 해당된다.

아래의 예는 소설의 한 문장을 인용한 사례들로 잘못된 인용을 보여주고 있다.

아래 사례들의 문제점이 무엇인지 살펴보고 바른 인용방법을 익혀보자.

‖ 올바른 인용 ‖

"싸움이 멎었다는 소식을 들었을 때, 명준은 깊은 구렁에 빠졌다."

-최인훈, 『광장』, 문학과 지성사, 1976, 176쪽

*다음 설명에서는 괄호내용을 주1)로 표시.

1) 명백한 표절
① 싸움이 멎었다는 소식을 들었을 때, 명준은 깊은 구렁에 빠졌다.(출처 표시 없음)
해설: 인용부호와 정확한 출처제시 없이 최인훈이 쓴 문장을 그대로 이용하는 것은 표절이다.
② 싸움이 멎었다는 소식을 들었을 때, 명준은 깊은 구렁에 빠졌다.[1]
해설: 자료의 출처는 제시했지만 인용부호를 사용해서 인용문임을 표시해 주지 않았기 때문에 이 문장도 표절이다.

▶ 올바르게 고친 표현: "싸움이 멎었다는 소식을 들었을 때, 명준은 깊은 구렁에 빠졌다."[1]

③ 싸움이 그쳤다는 소식을 듣고 이명준은 깊은 구렁에 빠졌다.
(출처 표시 없음)

해설: 최인훈의 표현을 그대로 옮긴 것은 아니지만, 그것과 매우 비슷하다. 이는 표절이다. 작가의 말을 모방하지 않으면서도 원래의 의미를 정확하게 전달하도록 인용해야 한다. 이 경우에도 물론 출처를 제시해야 한다.

4. 글쓰기 마무리 단계는 글쓰기의 새로운 출발점이다

항상 글쓰기 마무리 단계는 글쓰기의 새로운 출발점이다. 즉, 뫼비우스의 띠처럼 새로운 글쓰기의 시작이 되는 것이다. 지금 책상 위에는 내일 제출할 글이 있다. 이 글을 쓰기 위해서 거쳤던 과정을 생각해보라. 주제를 무엇으로 할까 고민하던 순간들, 아이디어를 모으기 위해 행했던 행위들, 자료를 수집하면서 겪었던 어려움들, 자료를 분석하고 자신의 언어로 다시 정리한 순간들, 어렵게 글의 개요를 작성한 순간들, 초고를 두고 처음부터 다듬어 가던 순간들을 떠올려보자. 그러한 과정을 겪으면서 한 편의 글이 완성되는 것이다. 펜을 놓을 마지막 순간의 희열을 느껴보라. 그런 것들은 글쓰기의 소중한 경험이다. 글쓰기를 성공한 경험이기도 하다. 이 경험은 내면화되어 다음 글쓰기를 할 때 자신감으로 나타난다.

어떤 주제에 대해 글을 쓴다는 것은 그 주제에 대한 지식의 깊이와 폭을 드러내는 것이다. 만약 똑같은 주제로 다시 글을 쓴다면 더 심도 있는 논점을 찾을 것이고 더 논리적으로 글을 전개할 것이다. 그래서 글쓰기가 단속적인 일회성의 행위에 그치는 것이 아니라 연속성을 획득하는 순간에 글쓰기는 지적 확장의 중요한 수단이 되는 것이다.

부록

띄어쓰기 원칙

바른 표기법 〈맞춤법의 실제〉

제41항 조사는 그 앞말에 붙여 쓴다.

꽃이	꽃마저	꽃밖에	꽃에서부터
꽃으로만	꽃이나마	꽃이다	꽃입니다
꽃처럼	어디까지나	거기도	멀리는
웃고만			

제42항 의존 명사는 띄어 쓴다.

아는 것이 힘이다.	나도 할 수 있다.
먹을 만큼 먹어라.	아는 이를 만났다.
네가 뜻한 바를 알겠다.	그가 떠난 지가 오래다.

제43항 단위를 나타내는 명사는 띄어 쓴다.

한 개	차 한 대	금 서 돈	소 한 마리
옷 한 벌	열 살	조기 한 손	연필 한 자루
버선 한 죽	집 한 채	신 두 켤레	북어 한 쾌

다만, 순서를 나타내는 경우나 숫자와 어울리어 쓰이는 경우에는 붙여 쓸 수 있다.

두시 삼십분 오초	제일과	삼학년	육층
1446년 10월 9일	2대대	16동 502호	제1실습실
80원	10개	7미터	

제44항 수를 적을 적에는 '만(萬)' 단위로 띄어 쓴다.

십이억 삼천사백오십육만 칠천팔백구십팔
12억 3456만 7898

제45항 두 말을 이어 주거나 열거할 적에 쓰이는 말들은 띄어 쓴다.

국장 겸 과장	열 내지 스물	청군 대 백군
책상, 걸상 등이 있다	이사장 및 이사들	사과, 배, 귤 등등
사과, 배 등속	부산, 광주 등지	

제46항 단음절로 된 단어가 연이어 나타날 적에는 붙여 쓸 수 있다.

좀더 큰것   이말 저말   한잎 두잎

제47항 보조 용언은 띄어 씀을 원칙으로 하되, 경우에 따라 붙여 씀도 허용한다. (ㄱ을 원칙으로 하고, ㄴ을 허용함.)

ㄱ	ㄴ
불이 꺼져 간다.	불이 꺼져간다.
내 힘으로 막아 낸다.	내 힘으로 막아낸다.
어머니를 도와 드린다.	어머니를 도와드린다.
그릇을 깨뜨려 버렸다.	그릇을 깨뜨려버렸다.

비가 올 듯하다.	비가 올듯하다.
그 일은 할 만하다.	그 일은 할만하다.
일이 될 법하다.	일이 될법하다.
비가 올 성싶다.	비가 올성싶다.
잘 아는 척한다.	잘 아는척한다.

다만, 앞말에 조사가 붙거나 앞말이 합성 동사인 경우, 그리고 중간에 조사가 들어갈 적에는 그 뒤에 오는 보조 용언은 띄어 쓴다.

> 잘도 놀아만 나는구나!　　　　책을 읽어도 보고…….
> 네가 덤벼들어 보아라.　　　　이런 기회는 다시없을 듯하다.
> 그가 올 듯도 하다.　　　　　　잘난 체를 한다.

※ 여기서 말하는 보조 용언은, (1) '-아/-어' 뒤에 연결되는 보조 용언, (2) 의존 명사에 '-하다'나 '-싶다'가 붙어서 된 보조 용언을 가리킨다.

제48항 성과 이름, 성과 호 등은 붙여 쓰고, 이에 덧붙는 호칭어, 관직명 등은 띄어 쓴다.

> 김양수(金良洙)　　　　서화담(徐花潭)　　　　채영신 씨
> 최치원 선생　　　　　　박동식 박사　　　　　충무공 이순신 장군

다만, 성과 이름, 성과 호를 분명히 구분할 필요가 있을 경우에는 띄어 쓸 수 있다.

> 남궁억/남궁 억　　　독고준/독고 준　　　황보지봉(皇甫芝峰)/황보 지봉

이름과 마찬가지 성격을 지닌 호(號)나 자(字)가 성에 붙는 형식도 이에

준한다.

최학수(崔學洙)	김영애(金榮愛)	유버들(柳~)
정송강(鄭松江)	('송강'은 호)	이태백(李太白) ('태백'은 자)

다만, 예컨대 '남궁수, 황보영' 같은 성명의 경우, '남/궁수, 황/보영'인지 '남궁/수, 황보/영'인지 혼동될 염려가 있는 것이므로, 성과 이름을 분명하게 밝힐 필요가 있을 때에는 띄어 쓸 수 있도록 한 것이다.

한편, 성명 또는 성이나 이름 뒤에 붙는 호칭어나 관직명(官職名) 등은 고유 명사와 별개의 단위이므로 띄어 쓴다. 호나 자 등이 성명 앞에 놓이는 경우도 띄어 쓴다.

강인구 씨	강 선생	인구 군	총장 정영수 박사
백범 김구 선생	계 계장(桂係長)	사 사장(史社長)	
여 여사(呂女史)	주 주사(朱主事)		

우리 한자음으로 적는 중국 인명의 경우도 본 항 규정이 적용된다.

소정방(蘇定方)	이세민(李世民)	장개석(莊介石)

제49항 성명 이외의 고유 명사는 단어별로 띄어 씀을 원칙으로 하되, 단위별로 띄어 쓸 수 있다. (ㄱ을 원칙으로 하고, ㄴ을 허용함.)

ㄱ	ㄴ
대한 중학교	대한중학교
한국 대학교 사범 대학	한국대학교 사범대학

예컨대, '한국 정신 문화 연구원'처럼 단어별로 띄어 쓰면, '한국, 정신, 문화, 연구원'의 네 개 단어가 각각 지니고 있는 뜻은 분명하게 이해되지만, 그것이 하나의 대상으로 파악되지 않는 단점도 있는 것이다. 그리하여 둘 이상의 단어가 결합하여 이루어진 고유 명사는 단어별로 띄어 쓰는 것을 원칙으로 하되, 단위별로 붙여 쓸 수 있도록 한 것이다.

※ 여기서 말하는 '단위'란, 그 고유 명사로 일컬어지는 대상물의 구성 단위를 뜻하는 것으로 설명된다. 다시 말하면, 어떤 체계를 가지는 구조물에 있어서, 각각 하나의 독립적인 지시 대상물로서 파악되는 것을 이른다. 예컨대 '서울 대학교 인문 대학 국어 국문학과'는 '서울 대학교/인문 대학/국어 국문학과'의 세 개 단위로 나누어지고, '한국 상업 은행 재동 지점 대부계'는 '한국 상업 은행/재동 지점/대부계'의 세 개 단위로 나누어진다.

(원칙) 서울 대공원 관리 사무소 관리부 동물 관리과
(허용) 서울대공원관리사업소 관리부 동물관리과
(원칙) 한국 방송 공사 경영 기획 본부 경영 평가실 경영 평가 분석부
(허용) 한국방송공사 경영기획본부 경영평가실 경영평가분석부

'부설(附設), 부속(附屬), 직속(直屬), 산하(傘下)' 따위는 고유 명사로 일컬어지는 대상물이 아니라, 그 대상물의 존재 관계(형식)를 나타내는 말이므로, 원칙적으로 앞뒤의 말과 띄어 쓴다.

(원칙) 학술원 부설 국어 연구소
(허용) 학술원 부설 국어연구소
(원칙) 대통령 직속 국가 안전 보장 회의
(허용) 대통령 직속 국가안전보장회의

다만, '부속 학교, 부속 국민 학교, 부속 중학교, 부속 고등 학교' 등은 교육학 연구나 교원 양성을 위하여 교육 대학이나 사범 대학에 부속시켜 설치한

학교를 이르므로, 하나의 단위로 다루어 붙여 쓸 수 있는 것이다.

> (원칙) 서울 대학교 사범 대학 부속 고등 학교
> (허용) 서울대학교 사범대학 부속고등학교

의학 연구나 의사 양성을 위하여 의과 대학에 부속시켜 설치한 병원의 경우도 이에 준한다.

> (원칙) 한국 대학교 의과 대학 부속 병원
> (허용) 한국대학교 의과대학 부속병원

제50항 전문 용어는 단어별로 띄어 씀을 원칙으로 하되, 붙여 쓸 수 있다.
(ㄱ을 원칙으로 하고, ㄴ을 허용함.)

ㄱ	ㄴ
만성 골수성 백혈병	만성골수성백혈병
중거리 탄도 유도탄	중거리탄도유도탄

전문 용어란, 특정의 학술 용어나 기술 용어를 말하는데, 대개 둘 이상의 단어가 결합하여 하나의 의미 단위에 대응하는 말, 곧 합성어의 성격으로 되어 있다. 따라서 붙여 쓸 만한 것이지만, 그 의미 파악이 쉽도록 하기 위하여 띄어 쓰는 것을 원칙으로 하고, 편의상 붙여 쓸 수 있도록 하였다.

원칙	허용
만국 음성 기호(萬國音聲記號)	만국음성기호
모음 조화(母音調和)	모음조화
긴급 재정 처분(緊急財政處分)	긴급재정처분
무한 책임 사원(無限責任社員)	무한책임사원

배당 준비 적립금(配當準備積立金)	배당준비적립금
손해 배상 청구(損害賠償請求)	손해배상청구
관상 동맥 경화증(冠狀動脈硬化症)	관상동맥경화증
급성 복막염(急性腹膜炎)	급성복막염
지구 중심설(地球中心說)	지구중심설
탄소 동화 작용(炭素同化作用)	탄소동화작용
해양성 기후(海洋性氣候)	해양성기후
두 팔 들어 가슴 벌리기	두팔들어가슴벌리기
무릎 대어 돌리기	무릎대어돌리기
여름 채소 가꾸기	여름채소가꾸기

다만, 명사가 용언의 관형사형으로 된 관형어의 수식을 받거나, 두 개(이상)의 체언이 접속 조사로 연결되는 구조일 때는 붙여 쓰지 않는다.

간단한 도면 그리기	쓸모 있는 주머니 만들기
아름다운 노래 부르기	바닷말과 물고기 기르기

두 개(이상)의 전문 용어가 접속 조사로 이어지는 경우는 전문 용어 단위로 붙여 쓸 수 있다.

감자찌기와 달걀삶기	기구만들기와 기구다루기
도면그리기와 도면읽기	

(국립국어원 홈페이지 참조 www.korean.go.kr)

부록 ❷ — 바른 표기법 〈맞춤법의 실제〉

1. '되어'와 '돼'의 구분: '돼'는 '되어'의 준말

   (가) 되어, 되어요, 되어서, 되어라, 되었다 → 돼, 돼요, 돼서, 돼라, 됐다

   (나) 뵈어, 뵈어요, 뵈어서, 뵈어라, 뵈었다 → 봬, 봬요, 봬서, 봬라, 뵀다

      ※ '됬다'(×), 돼다(×), 되지(○).

2. '안'과 '않'의 구분: '안'은 부사이고 '않-'은 용언의 어간임

   (가) 안 가다, 안 보이다, 안 하다, 안 먹는다, 안 좋다, 안 어울린다,
   담배를 안 피움

   (나) 집에 가지 않다(아니하다), 철수가 먹지 않았다(아니하였다).

      ※ '~않으면 안 된다'(○), '~않으면 않된다'(×), 않하다(×), 않좋다(×).

3. '-할게', '-할걸'인가, '-할께', '-할껄'인가: 소리와 달리 '-할게',
   '-할걸'로 적음

   (가) 내가 도와 {줄게, 줄께}.

      ⇨ 그러나 '-(으)ㄹ까', '-(으)ㅂ니까', '-(으)ㄹ쏘냐' 등처럼 의문을 나타
      내는 어미는 된소리를 표기에 반영함.

   (가)´ 제가 {할게요, 할께요}.

   (나) 지금쯤은 집에 {도착했을걸, 도착했을껄}!

(나)´ 벌써 집에 도착한걸!

　　※ 밥을 줄까?(○)

4. '있다가'와 '이따가'의 구분: 의미에 따른 구분

(가) 이따가 보자. / 이따가 주겠다.

　　※ 뜻: "조금 뒤에"

(나) 하루종일 집에 있다가 이제서야 어딜 가는 거니?

5. '잇달다'와 '잇따르다'의 구분: 일종의 복수 표준어

(가) 기관차에 객차들을 잇달았다.

　　※ "이어 달다"의 뜻일 때는 '잇달다'만 가능함
　　　장군은 훈장에 훈장을 잇단 복장으로 등장하였다.

(나) 청문회가 끝난 뒤에 증인들에 대한 비난이 잇따랐다/잇달았다/?연달았다.

　　※ "어떤 사건이나 행동 따위가 이어 발생하다"의 뜻일 때는 '잇달다, 잇따르다, 연달다'를 함께 쓸 수 있음.
　　　잇따른/잇단(←잇달-+-ㄴ)/?연단(←연달-+-ㄴ) 범죄 사건들 때문에 밤길을 다니기 두렵다.
　　　석교를 지나자마자 초가 지붕의 꼴을 벗지 못한 주점과 점포들이 잇따라/잇달아/연달아 나타났다.

　　※ '연달다'는 주로 '연달아' 꼴로 쓰임.

(나)´ 대통령의 가두행진에 보도 차량이 잇따랐다.
　　　유세장에 유권자들이 잇따라 몰려들었다.

　　※ "움직이는 물체가 다른 물체의 뒤를 이어 따르다"라는 뜻일 때에는 '잇따르다'가 자연스러움.

6. '-던'과 '-든'의 구분: '-던'은 과거의 뜻, '-든'은 선택의 뜻

(가) 어제 집에 왔던 사람이 민주 신랑감이래.
그 날 저녁 누가 왔던지 생각이 납니까?
얼마나 울었던지 눈이 퉁퉁 부었다.

(나) 배든(지) 사과든(지) 마음대로 먹어라.
가든(지) 오든(지) 알아서 하시오.

※ 어쨌든(○)

7. '-데'와 '-대'의 구분: '-데'는 과거에 직접 경험한 내용임을 표시.
'-대'는 남의 말을 전달

(가) 어제 보니까 혜정이가 참 예쁘데. /
사진을 보니 옛날에는 참 예뻤겠데. 〈형용사〉
그 아이가 밥을 잘 먹데. / 철수가 벌써 제대했데. 〈동사〉
곁에서 보니 참 훌륭한 신랑감이데. 〈서술격조사 '이다'〉

※ 뜻: "-더라"

신부가 그렇게 예쁘데? / 그 사람 키가 크데?
밖에 누가 왔데? / 얼마나 되데?

※ 뜻: "-던가?"

(나) 사람들이 그러는데 진옥이가 예쁘대(예뻤대/예쁘겠대). 〈형용사〉

※ '대'는 "-다(고) 해"가 줄어 된 말임.

진옥이가 결혼한대(결혼했대/결혼하겠대). /
진옥이는 추리소설만 읽는대(읽었대/읽겠대). 〈동사〉
진옥이가 학생회장이래(학생회장이었대). 〈서술격조사 '이다'〉

※ '이다' 뒤에서는 '-대'가 '-래'로 바뀜.

(다) 오늘 날씨 참 시원한데. / 오늘은 기분이 참 좋은데. 〈형용사〉

※ '-ㄴ데'는 스스로 감탄하는 투로 넌지시 상대방의 반응을 묻기도 함.

두 사람이 아주 잘 어울리는데. 〈동사〉

※ "두 사람이 아주 잘 어울리데."

철수가 아니라 진옥이가 학생회장인데. 〈서술격조사 '이다'〉

(라)´ 결혼식장에는 혜정이 신랑도 왔던데(←'-았더-'+'-ㄴ데').

혜정이 부모는 벌써 왔는데((←'-았느-'+'-ㄴ데').

결혼식장에는 혜정이 신랑도 왔겠는데(←'-겠느-'+'-ㄴ데').

※ '-ㄴ데'와 '-ㄴ대'의 구별 방법: 앞말이 형용사이면 '-ㄴ데'이고(동사 어간 뒤에는 'ㄴ' 없이 바로 '-데'가 붙음), 앞말이 동사이면 '-ㄴ대'이다('-ㄴ다'가 동사 어간 뒤에 붙는 경우 참조). 예 참신한데(형용사 '참신하-'+'-ㄴ데'), 결혼한대(동사 '결혼하-'+'-ㄴ대')

※ '-던-' 뒤에는 '데'만 올 수 있고 '대'는 올 수 없다('-던다'가 불가능하기 때문임). 따라서 '-던데'란 말은 가능해도 '-던대'란 말은 불가능하다.

8. '-ㄹ는지'인가, '-ㄹ런지'인가: '-ㄹ는지'가 맞음

(가) 우리의 제안을 어떻게 {생각할는지, 생각할런지} 모르겠어.

※ "우리의 제안을 어떻게 생각할지 모르겠어." 형식이 더 자연스러운 국어 문장이다.

(나) 우리의 제안을 받기로 결정했는지 모르겠어.

9. '하지 마라'인가, '하지 말아라'인가: '하지 마라'가 맞음

(가) 떠들지 마라(←말-+-아라).

(가)´ 선생님께서 떠들지 말라(←말-+-라)고 말씀하셨다.

(나) 떠들지 말아라.(×)

(나)´ 떠들지 마. / 떠들지 말아.(×)

※ '-지 말아라'와 '-지 마라', '-지 말아'와 '-지 마'는 본말과 준말 관계이지만 더 널리 쓰이는 준말만을 표준어로 인정하고 있음.

※ '-어라'와 '-(으)라'의 차이

① 직접 명령(특정된 청자에게 직접적으로 명령하는 형식): '-아라/-어라/-여라' 형식.

　[예] 이것 좀 <u>보아라</u>. 천천히 <u>먹어라</u>.

② 간접 명령(특정되지 않은 다수의 청자나 발화 현장에 없는 청자에게 간접적으로 명령하는 형식): '-(으)라' 형식.

　[예] 알맞은 답을 고<u>르라</u>. 기대하<u>시라</u>, 개봉박두!

10. '그러다'와 '그렇다'의 구분: '그러다'는 동사, '그렇다'는 형용사

(가) 그러다(←그리하다) [동] 그러고, 그러지; 그러니, 그런; 그래, 그랬다

(나) 그렇다(←그러하다) [형] 그렇고, 그렇지; 그러니, 그런; 그래, 그랬다

　※ '그러고 나서'가 맞고 '그리고 나서'는 '그리다'라는 용언이 따로 없으므로 틀림.

　※ 어미의 종류

　① 자음어미: -고, -게, -지, -소, -겠-, …

　② 모음어미: -아/-어, -아서/-어서, -았-/-었-, …

　　☞ 앞말 끝음절의 모음이 양성인가, 음성인가에 따라 교체

　③ 매개모음어미: -(으)니, -(으)면, -(으)시-, -ㄴ/-은, -ㄹ/-을, …

　　☞ 앞말 끝음절이 받침이 있는가 없는가에 따라 '으' 있는 어미와 '으' 없는 어미로 교체

11. '부치다'와 '붙이다'의 구분: '붙다'와의 의미적 연관성이 기준

(가) 힘이 부치다 / 편지를 부치다 / 논밭을 부치다 / 빈대떡을 부치다

(가)´ 식목일에 부치는 글 / 안건을 회의에 부치다

(나) 봉투에 우표를 붙이다 / 흥정을 붙이다 / 불을 붙이다 / 꽃꽂이에 취미를 붙이다 / 조건을 붙이다 / 별명을 붙이다

12. '받치다, 받히다, 바치다'의 구분: '-치-'는 강세접사, '-히-'는 피동접사

(가) 우산을 <u>받치다</u> / 그릇을 <u>받쳐</u> 들다 / 두 손으로 머리를 <u>받치고</u> 누워 있다
　　　 [참고] '날개가 돋친 듯 팔리다'에서 '돋치다' 역시 동사 '돋-'에 강세접사
　　　 '-치-'가 붙은 말임.

(나) 기둥에 머리를 <u>받히다</u> / 소에게 <u>받히다</u>

(다) 임금님께 예물을 <u>바치다</u> / 나라를 위해 목숨을 <u>바치다</u>

13. '부딪치다'와 '부딪히다'의 구분: '-치-'는 강세접사, '-히-'는 피동접사

(가) 뱃전에 <u>부딪는</u> 잔물결 소리 / 뛰어올라오다 마침 아래층에 내려가는 종혁
　　　과 <u>부딪고는</u> / 마침내 두 사람의 눈길이 <u>부딪게</u> 되자 // 금녀는 벽에 머리
　　　를 <u>부딪고</u> 죽은 것이다

(나) 파도가 바위에 <u>부딪치다</u> // 무심코 고개를 돌리다 그와 눈길이 <u>부딪쳤다</u>
　　　// 바른손에 거머쥐고 있던 사이다병을 담벽에 <u>부딪쳐</u> 깼다 / 취객 한 명
　　　이 철수에게 몸을 <u>부딪치며</u> 시비를 걸어 왔다

(다) 철수는 골목에서 나오는 자전거에 <u>부딪혀</u> 팔이 부러졌다 / 그는 자동차에
　　　머리를 <u>부딪혀</u> 병원에 실려갔다 // 냉혹한 현실에 <u>부딪히다</u> / 그들의 결혼
　　　은 부모의 반대에 <u>부딪혀</u> 성사되지 못했다

(라) 자전거가 마주 오는 자동차에 <u>부딪혔다</u> ⇔ 자전거가 빗길에 자동차와 <u>부딪</u>
　　　<u>쳤다</u> // 파도가 바위에 <u>부딪치다</u> ⇔ 배가 암초에 <u>부딪혔다</u>

14. '벌이다/벌리다', '늘이다/늘리다'의 구분: 반의 관계를 이용

(가) 싸움을 <u>벌이다</u> / 사업을 {<u>벌이다</u>, <u>벌리다</u> / 화투짝을 <u>벌여</u> 놓다

(가)′ 입을 <u>벌리다</u> / 밤송이를 <u>벌리고</u> 알밤을 꺼내다 / 자루를 <u>벌리다</u>
　　　☞ '벌리다'의 반대말은 '오므리다, 닫다, (입을) 다물다'임

(나) 엿가락을 <u>늘이다</u> / 고무줄을 당겨 <u>늘이다</u> / 머리를 길게 땋아 <u>늘이다</u>(<u>늘어</u>
　　　<u>뜨리다</u>)

☞ "길이가 있는 물체를 당겨 더 길게 하거나 아래로 길게 처지게 하는 행위"

(나)´ 인원을 <u>늘리다</u> / 재산을 <u>늘리다</u> / 실력을 <u>늘리다</u> /
바지나 옷소매를 <u>늘리다</u>

☞ '늘리다'는 '늘다'의 사동사로서 그 반대말은 '줄이다'임

15. '썩이다'와 '썩히다'의 구분: '속을 썩이다'만 '썩이다', 그 밖에는 '썩히다'

(가) 왜 이렇게 속을 <u>썩이니</u>?

(나) 쌀을 <u>썩히다</u> / 재주를 <u>썩히다</u>

16. '맞추다'와 '맞히다'의 구분: "옳은 답을 대다"라는 뜻일 때에는 '맞히다'

(가) 프로야구 우승팀을 <u>맞히다</u> / 정답을 <u>맞히다</u> / 화살로 과녁을 <u>맞히다</u> // 비
를 <u>맞히다</u> / 도둑을 <u>맞히다</u> / 예방 주사를 <u>맞히다</u>

※ 영희는 자신이 쓴 답과 텔레비전에서 제시한 답안을 <u>맞추어</u> 보더니 아주 침
통해했다.

(가)´ 답을 <u>알아맞혀</u> 보세요

(나) 계산을 <u>맞추어</u> 보다 / 발을 <u>맞추어</u> 걷다 / 음식의 간을 <u>맞추다</u>

(나)´ 입을 <u>맞추다</u> / 기계를 뜯었다 <u>맞추다</u> / 양복을 <u>맞추다</u> / 짝을 <u>맞추다</u>

17. '맞는'과 '알맞은'의 구분: '맞다'는 동사, '알맞다, 걸맞다'는 형용사

(가) <u>맞는</u>(○), <u>맞은</u>(×) 〈동사〉

(나) <u>알맞는</u>(×), <u>알맞은</u>(○) 〈형용사〉

※ '걸맞다'도 형용사임. '분위기에 <u>걸맞은</u> 옷차림' 참고.

※ 맞지 않는 일 / <u>알맞지</u> 않은 일(○)

18. '띠다', '띄다', '떼다'의 구분

(가) 미소를 <u>띠다</u> / 하늘이 붉은색을 <u>띠다</u> / 그는 역사적인 사명을 <u>띠고</u> 파견되었다

(나) 눈에 <u>띄는</u> 행동을 하지 마라 / 알맞게 <u>띄어</u> 써야 글이 읽기가 쉽다

(다) 젖을 <u>떼다</u> / 벽보를 <u>떼다</u> / 영수증을 <u>떼다</u> / 기초 영어를 다 <u>떼다</u>

19. '어떡해'와 '어떻게'의 구분

(가) 지금 나 <u>어떡해</u>. / *이 일을 <u>어떡해</u> 처리하지?

※ '어떡해'는 "어떻게 해"가 줄어든 말.

(나) 너 <u>어떻게</u> 된 거냐. / 이 일을 <u>어떻게</u> 처리하지?

※ '어떠하다'가 역사적으로 줄어 '어떻다'가 됨.

20. '체'와 '채'의 구분: '체'는 '체하다'로만 쓰임

(가) 그는 날 보고도 못 본 <u>체</u>했다. / 쥐꼬리만한 지식을 가지고 되게 아는 <u>체</u>하네.

※ '체하다'는 '척하다, 듯하다' 등과 같은 보조용언임.

(나) 불을 켠 <u>채</u>(로) 잠을 잤다. / 그 외국인은 신을 신은 <u>채</u>(로) 방으로 들어왔다.

(나)´ 통째, 껍질째

※ 관형사형어미 뒤에서는 의존명사 '채', 명사 뒤에서는 접미사 '-째'

21. '제상'인가, '젯상'인가: 양쪽 모두 한자(어)일 때에는 그 사이에 사이시옷을 적지 않음

(가) 제상(祭床): 제사 때 제물을 차려 벌여 놓는 상.

(나) 초점(焦點), 대가(代價), 개수(個數), 내과(內科), 화병(火病), 소수(素數)

(나)´ 예외: 곳간(庫間), 셋방(貰房), 숫자(數字), 찻간(車間), 툇간(退間),
　　　　횟수(回數)

　　※ 뒷말의 첫소리가 된소리로 나거나 뒷말의 첫소리 'ㄴ, ㅁ'이나 모음 앞에 'ㄴ'
　　　소리가 덧나는 합성어 중에서 '고유어+고유어(아랫집, 나뭇잎), 고유어+한자
　　　어(귓병, 깃발), 한자어+고유어(전셋집, 예삿일)' 방식에는 사이시옷을 적고,
　　　'한자어+한자어' 방식에는 사이시옷을 적지 않는다.

　　　[참고] '전세방(傳貰房)'과 '전셋집(傳貰-)'

22. '회집, 장미빛'인가, '횟집, 장밋빛'인가

　　횟집(膾-), 장밋빛(薔薇-) 청사진, 수돗물(水道-)

23. '나는'인가, '날으는'인가: '나는'이 맞음

　　(가) 하늘을 {나는, *날으는} 원더우먼
　　(나) 길가에서 {노는, *놀으는} 아이들

24. 공사 중이니 돌아가 {주십시요, 주십시오}. ☞ '주십시오'가 맞음

　　(가) 공사 중이니 돌아가 {주십시오, 주십시요}.
　　(가)´ *공사 중이니 돌아가 주십시.
　　(가)″ 공사 중이니 돌아가 주{십시}오/주오.
　　　※ '-오'는 어미로서 생략될 수 없으며 그 앞에 '-십시-' 등과 같은 다른 어미체
　　　　가 올 수 있음.
　　(나) 밥을 잘 먹어요.
　　　※ '요'는 조사로서 생략될 수 있음.
　　(나)´ 밥을 잘 먹어.

25. '아니요'와 '아니오'의 구분: '아니오'는 서술어, '아니요'는 감탄사

(가) "숙제 다 했니?" "아니요, 조금 남았어요." [참] 예 ↔ 아니요(아뇨).

(가)´ "아니, 조금 남았어." [참] 응 ↔ 아니

(나) 그것은 내 잘못이 아니오.

> ※ 어떤 문제를 내고 그것의 맞고 틀림을 물을 때에는 "다음 문제에 대하여 '예, 아니오'로 대답하시오"처럼 쓴다. 이때 '예'는 맞다는 말이고 '아니다'는 틀리다는 말이다. 따라서 이 경우의 '아니오'는 감탄사가 아니라 서술어 용법이 화석화된 것이다.

(나)´ 어서 오시오.

> ※ '이다, 아니다'의 어간 뒤에 붙어 나열의 뜻을 나타내는 연결어미는 '요'로 적음. '이것은 책이요(←이고), 저것은 공책이다' 참조.

26. '-함으로(써)'와 '-하므로'의 구분: '-으로'는 조사, '-(으)므로'는 어미

(가) 그는 열심히 공부함으로(써) 부모님의 은혜에 보답하고자 한다. / 동호인 회장에게 일괄 배부하여 관리케 {함으로써, 하므로써} 사용과 보존에 철저를 기하고자 합니다.

> ※ "수단"을 나타내는 조사 '(으)로'는 그 뜻을 강조할 경우에 그 뒤에 조사 '써'가 붙는다.

(나) 그는 부지런하므로 잘 산다. / 그는 매일같이 열심히 공부하므로(* 하므로써) 시험에 꼭 합 할 것이다. / 훌륭한 학자이므로 많은 사람들에게 존경을 받는다.

> ※ '-(으)므로'는 "이유, 까닭"을 나타내는 어미로서 그 뒤에 조사 '써가 붙을 수 없다.

27. '-로서'와 '-로써'의 구분: '-로서'는 자격, '-로써'는 수단이나 도구

(가) −로서: 교육자로서 일생을 보내다 / 나로서는 할 말이 없다 / 부모로서 할 일 / 교사로서 그런 말을 하다니 / 친구로서 충고한다 / 모든 싸움은 너로서 시작되었다

(나) −로써: 도끼로(써) 나무를 찍다 / 칼로(써) 과일을 깎다 / 눈물로(써) 호소하다

※ '로써'에서 '써'는 생략이 가능하다.

28. '출석률'인가, '출석율'인가: '출석률'이 맞음

(가) 법률, 능률, 출석률; 행렬, 결렬

(나) 운율, 비율, 백분율; 분열, 우열

※ 모음이나 'ㄴ' 받침 뒤에서는 '열, 율'로 적음

29. '가정란'인가, '가정난'인가: '가정란'이 맞음

(가) 가정란, 독자란, 투고란, 학습란, 답란

※ 작업량, 인용례

(나) 어린이난, 어머니난, 가십난(gossip欄)

☞ 고유어, 외래어 뒤에서는 두음법칙이 적용됨

【두음법칙】 두음법칙이 적용되는 단어는 그 앞에 다른 말이 와서 새로운 단어의 일부가 될 적에도 두음법칙에 따라 적는다.

여성(女性) 신여성(新女性) 직업여성(職業女性)

다만, 한자어 뒤에 오는 1음절 한자어는 두음법칙을 적용하지 않는다.

작업량(作業量) 인용례(引用例) 가정란(家庭欄) 장롱(欌籠)

[붙임] 앞뒤가 짝을 이루는 한자성어도 그 뒷말을 두음법칙에 따라 적는다.

장삼이사(張三李四) 남존여비(男尊女卑) 부화뇌동(附和雷同)

30. '회계 연도'인가, '회계 년도'인가: '회계 연도'가 맞음

　(가) 설립 연도, 회계 연도

　　※ 붙여 쓰더라도 '설립연도, 회계연도'임

　(나) 신년-도, 구년-도

　(다) 1998 년도

　　※ 수를 나타내는 말 뒤에서 의존명사로 쓰이는 말은 '년도'

31. '국제 연합'의 줄임말이 '국연'인가, '국련'인가: '국련'이 맞음

　국제 연합/국련, 대한 교육 연합회/대한교련

　　※ 자민련(←자유민주연합)

32. '머지않아'인가, '멀지 않아'인가: '머지않아'가 맞음

　(가) 머지않아 閈 곧. 불원간(不遠間).

　(나) 멀지 않은 장래 / 여기선 학교가 멀지 않다.

33. '있음/없음'인가, '있슴/없슴'인가? '있사오니/없사오니'인가,
　　'있아오니, 없아오니'인가?

　(가) 있습니다, 없습니다, 먹습니다 〈-습니다〉

　(가)´ 갑니다, 예쁩니다, 드립니다 〈-ㅂ니다〉

　(나) 있음, 없음, 먹음 〈-음〉

　(나)´ 감, 예쁨, 드림 〈-ㅁ〉

　(다) 있사오니, 없사오니, 먹사오니 〈-사오-〉

　(다)´ 가오니, 예쁘오니, 드리오니 〈-오-〉

34. '더우기, 일찌기, 오뚜기'인가, '더욱이, 일찍이, 오뚝이'인가: '더욱, 일찍, 오뚝'과의 연관성을 형태상으로 드러내 주는 표기가 맞음

(가) 더욱이, 일찍이, 오뚝이

(가)´ 더욱, 일찍, 오뚝

(나) 더우기, 일찌기, 오뚜기

35. '설겆이, 반듯이, 아뭇든, 어떻든'인지 '설거지, 반드시, 아무튼, 어떠튼'인지?

(가) 설거지, 아무튼, 반드시[必]("이번 일은 반드시 성사시키겠다")

(가)´ *설겆다, *아뭇다, *반듯하다

※ '설겆다, 아뭇다'는 존재하지 않는 말이고 '반드시'는 '반듯하다'와 의미상의 관련성이 없음.

(나) 반듯이("의자에 반듯이 앉아 있다"), 어떻든

※ '반듯이'는 '반듯하다'와 의미상의 연관성이 뚜렷하고 '어떻다'는 현재 살아 있는 말임.

(나)´ 반듯하다, 어떻다

(다) 얽히고설킨 사건

※ '얽-'이란 말은 있어도 '섥-'이란 말은 없음.

36. '만듦, 이끎'인지 '만듬, 이끔'인지?

(가) 만들다/만듦, 이끌다/이끎

※ 'ㄹ'로 끝나는 말의 명사형은 '-ㄻ' 꼴임. 다만 '삶, 앎'은 파생명사용법도 지님.

(나) 울음, 얼음 〈파생명사〉

※ 'ㄹ'로 끝나는 말의 파생명사는 대체로 '-ㄹ음' 꼴임.

(나)´ 욺, 엶 〈명사형〉

※ "강이 꽁꽁 엶에 따라 …"

37. '며칠'인가, '몇 일'인가

오늘이 몇 월 {며칠, 몇 일}이냐?

38. '뱉었다, 가까워'인지 '뱉았다, 가까와'인지?

(가) 뱉었다, 김치를 담가('담그-'+'-아') 먹다 / 문을 잠갔다('잠그-'+'-았다')

☞ 'ㅏ, ㅗ' 이외의 'ㅐ, ㅚ' 등은 음성모음

(나) 하늘빛이 고와 / {가까워, 가까와}, {아름다워지다, 아름다워지다}

☞ 어간이 2음절 이상인 'ㅂ'변칙용언('가깝다', '아름답다' 등)은 양성모음, 음성
모음 구별 없이 '워' 형으로 적는다.

39. '생각건대'인가, '생각컨대'인가: 무성음 뒤에서는 '하'가 통째로 탈락되나 유성음 뒤에서는 '하'에서 'ㅏ'만 탈락되고 'ㅎ'은 살아 있음

(가) 거북하지/거북지, 생각하건대/생각건대, 넉넉하지/넉넉지, 섭섭하지/섭섭
지, 깨끗하지/깨끗지, 못하지/못지

(나) 간편하지/간편치, 다정하지/다정치, 청하건대/청컨대, 무심하지/무심치,
실천하도록/실천토록, 사임하고자/사임코자

※ 유성음: 모음과 'ㄴ, ㅁ, ㄹ, ㅇ'. 무성음: 'ㄴ, ㅁ, ㄹ, ㅇ'을 제외한 자음,
예컨대 'ㅂ, ㅅ, ㄱ' 등.

40. '깨끗이'인지 '깨끗히'인지?

(가) 깨끗이, 느긋이, 따뜻이, 번듯이, 빠듯이, 산뜻이 〈'ㅅ' 받침 뒤에서〉

(나) 간간이, 겹겹이, 곳곳이, 알알이, 일일이, 줄줄이 〈첩어 뒤에서〉

(다) 곰곰이, 더욱이, 히죽이, 생긋이 〈부사 뒤에서〉

41. '-이에요/-이어요, -예요/-여요'의 구분

(가) 뭣이에요, 책이에요/책이어요 〈받침 있는 말 뒤〉

(나) 뭐예요(*뭐이에요), 저예요(*저이에요)/저여요(*저이어요), 집에 갈 거예요. 〈받침 없는말 뒤〉

> ※ '-이어요'는 계사(또는 서술격조사) '이다'의 어간 '이-'에 종결어미 '-어요'가 결합한 말이고 '-이에요'는 '-이어요'가 변한 말이다. 그러나 요즘에는 '-이에요'가 '-이어요'보다 우세하게 쓰여 '-이에요'와 '-이어요'를 복수 표준어로 처리하였다. 그런데 이 말은 받침 없는 체언 뒤에 올 때는 항상 그 준말인 '-예요/-여요' 꼴로만 쓰인다. 이런 점을 고려하여 '이에요/이어요'와 '예요/여요'는 조사로 볼 수도 있겠다. '저이에요'가 쓰이지 않고 '저예요'만 쓰인다면 그리고 '예요'를 어미로 인정한다면 체언 바로 뒤에 어미가 온다고 기술하여야 하는 문제가 생기기 때문이다.

42. '아니에요'인지 '아니예요'인지?

그런 말이 아니에요/아녜요.

> ※ 「표준어 규정」 26항에서는 '-이에요'와 '-이어요'를 복수 표준어로 인정하였다. '-이에요/-이어요'는 받침 있는 체언 뒤에서는 아래 (1)과 같이 '-이에요', '-이어요'로 나타나나, 받침 없는 체언 뒤에서는 아래 (2)와 같이 그 준말인 '-예요', '여요' 형으로 나타난다. 받침 없는 체언 뒤에서는 '-이에요', '-이어요' 형 대신 그 준말인 '-예요', '-여요' 형만을 인정하는 것이다.

(1) 책＋이에요/이어요 ⇒ 책이에요/책이어요 (받침 있는 체언 뒤)

(2) 저＋이에요/이어요(→예요/여요) ⇒ 저예요/저여요 (받침 없는 체언 뒤)

> 그러나 위의 규정은 '아니에요'가 맞는지, '아니예요'가 맞는지에 대한 답을 쉽게 알려 주지 못한다. '-이에요, -이어요'에서 '-이-'는 서술격조사 '이다'의 어간이므로 '-이에요, -이어요'는 그 앞에 체언이 오게 되는데, '아니다' 는 체언이 아니라 용언(형용사)이어서 이 규정이 바로 적용되지 않기 때문이다.

> 그런데 아래 (3)에서 보듯이 형용사 '아니다'는 서술격조사 '이다'와 활용 양상이 거의 동일하다.

(3) '이다', '아니다'의 활용 양상

가. '-어서/-아서' 형 대신 '-라서' 형이 쓰이기도 함: 책이<u>라서</u>, 책이 아니<u>라서</u>

나. '-는구나, -구나' 형 대신 '-로구나' 형이 쓰이기도 함: 책이<u>로구나</u>, 책이 아니<u>로구나</u>

(3가)는 보통의 용언 어간이라면 '-어서/-아서'가 올 자리에(예: 먹<u>어서</u>, 좋<u>아서</u>) '-라서'가 온 예이고, (3나)는 보통의 용언 어간이라면 '-는구나', '-구나'가 올 자리에(예: 먹<u>는구나</u>, 좋<u>구나</u>) '-로구나'가 온 예이다. 이는 서술격조사 '이다'와 형용사 '아니다'가 어미 활용에서는 같이 행동한다는 것을 보여 준다. 기원적으로 형용사 '아니다'는 명사 '아니'에 서술격조사 '이다'가 결합하여 형성되었다(좀더 정확히 말하면 「'아니'(명사) + '이-'(서술격조사)」의 구조를 가지던 말이 근대국어 말기에 형용사 어간 '아니-'로 재구조화되었다고 할 수 있다).

따라서 '아니다'는 비록 체언이 아니나 서술격조사 '이다'를 이미 포함하고 있는 말이므로 '-이에요, -이어요'에서 서술격조사 부분 '-이-'가 빠진 '-에요, -어요'가 결합하게 된다. 즉 '아니다'에 「표준어 규정」 26항을 적용하면 아래 (4)와 같다.

(4) 아니- + -에요/-어요 → 아니<u>에요</u>/아니<u>어요</u>

43. '머물러, 가졌다'인지 '머물어, 갖었다'인지?

(가) 머무르다: 머무르고, 머무르니, <u>머물러/머물렀다</u>

(가)´ 머물다: 머물고, 머무니(←머물- + -으니), *머물어/*머물었다

※ '머무르다, 서투르다, 서두르다'의 준말인 '머물다, 서툴다, 서둘다'는 '-어, -었-'과 같은 모음어미 앞에서는 쓰이지 않음.

(가)″ 머무르다/머물다, 서투르다/서툴다, 서두르다/서둘다

(나) 가지다: 가지고, 가지니, <u>가져/가졌다</u>

(나)´ 갖다: 갖고, *갖으니, *갖어/*갖었다

※ '가지다'의 준말 '갖다'는 자음어미 앞에서만 쓰임.

(나)″ 디디다/딛다: 발을 디뎠다(←디디었다)/*딛었다(←*딛었다)

※ '디디다'의 준말 '딛다' 역시 자음어미 앞에서만 쓰임.

44. '바람'인지 '바램'인지?

(가) 우리의 <u>바람</u>은 남과 북의 주민들에게 모두 이익이 되는 통일을 이루는 것이죠.

(나) 저고리의 색이 <u>바램</u>

45. 흡연을 {삼가, 삼가해} 주십시오.

(가) 흡연을 {삼가, 삼가해} 주시기 바랍니다.

※ '삼가하다'는 없는 말임.

(나) <u>서슴지</u> 말고 네 생각을 말해 보아라.

46. '다르다'인가, '틀리다'인가: "같지 않다"라는 뜻으로 '틀리다'를 쓰면 틀림

(가) 이론과 현실은 {틀려요 / 달라요}.

※ 뜻: "같지 않다". '다르다'는 형용사

(가)′ 선생님, 제 생각은 {틀립니다 / 다릅니다}.

(나) 계산이 틀리다.

☞ 동사, "셈이나 사실 따위가 맞지 않다". '틀리다'는 동사.

(나)′ 어, 약속이 틀리는데.

☞ 동사, "어떤 일이나 사물이 예정된 상태에서 벗어나다"

(다) 자, 보세요. 이건 물건이 <u>틀리다</u>니까요. / 야, 이곳은 분위기부터 <u>틀리다</u>. 그렇지?

☞ 형용사, "보통의 것과 다르거나 특출나다". 일부의 '틀리다'는 동사가 아니라 형용사 문맥에 쓰여 차츰 '다르다'와 비슷한 용법을 획득해 가고 있으나 아직 표준어라고 하기 어렵다.

47. '빌다'와 '빌리다'의 구분

(가) 밥을 빌어먹다 / 잘못했다고 빌다 / 당신의 행복을 빕니다

 ※ "乞, 祝"의 뜻일 때만 '빌다'로 쓰고 "借, 貸"의 뜻일 때는 '빌리다'로 씀.

(나) 돈을 빌려 주다 / 술의 힘을 빌려 사랑을 고백하다 / 이 자리를 빌려 한 말씀 드리겠습니다 / 사르트르의 말을 빌리자면 자유는 곧 책임을 수반한다고 한다.

48. '자문(諮問)'과 '주책(〈主着)': 의미가 변화 중인 단어들

(가) 전문가에게 자문하다(→ 반대말은 '자문에 응하다')

 ※ 뜻(사전적 정의): "물음이란 뜻으로, 특히 윗사람이나 상급 기관이 일정한 기관이나 전문가에게 어떤 문제에 관하여 의견을 물음". 따라서 '자문'은 하는 것이지 구하거나 받는 것이 아니라고 해석됨.

(가)´ 이번 일은 전문가에게 자문을 구해서(→ 조언을 구해서, 도움말을 청해서, 문의해서) 처리했다.

(가)″ 전문가에게 자문을 {구하다, 받다}

 ※ "자문하여 얻게 되는 판단이나 의견"이라는 뜻으로 쓰임. 의미 변화 중.

(나) 주책없다: 말을 주책없이 하다

 ※ 뜻: "일정하게 자리잡은 생각"

(나)´ 주책이다, 주책을 {부리다, 떨다}

 ※ "일정한 줏대 없이 되는 대로 하는 짓"라는 뜻으로 쓰임. 의미 변화 중.

49. '중매쟁이, 중매장이'인지 '멋쟁이, 중매쟁이'인지?

(가) 미장이, 유기장이, 땜장이

 ※ 전통적인 수공업에 종사하는 기술자라는 뜻일 때만 '-장이'

(나) 요술쟁이, 욕심쟁이, 중매쟁이, 점쟁이

50. '왠지'인가, '웬지'인가: '왠지'는 '왜인지'가 줄어든 말. '웬'은 관형사

(가) {왠지, 웬지} 가슴이 두근거린다.

(나) 웬 험상궂게 생긴 사람이 날 따라오더라.

51. '웃어른'인가, '윗어른'인가: 위와 아래의 대립이 있을 때만 '윗-'으로 씀

(가) 윗니, 윗눈썹, 윗도리, 윗목

(가)´ 위쪽, 위채, 위층

 ※ 된소리나 거센소리 앞에서는 'ㅅ'을 적지 않음

(나) 웃돈, 웃어른, 웃옷("맨 겉에 입는 옷")

 ※ '윗옷'과 '웃옷'은 뜻이 다름.

52. '하려고'인가, '할려고'인가: '-ㄹ려고'가 아니라 '-려고'가 맞음

집에 {가려고, 갈려고} 한다.

 ※ 쓸데없이 'ㄹ'을 덧붙이지 말아야 한다.

[참고] 거짓말시킨다(→거짓말한다), 노래를 배워주다(→가르쳐주다)

53. '날씨가 개이다'인가, '날씨가 개다'인가: '개다'가 맞음

(가) 날씨가 개이다/개다

(나) 설레이는/설레는 마음

54. '등(等)', '및'의 띄어쓰기: '등(等)'은 항상 띄어 씀

(가) 책상, 걸상 등이 있다.

(나) 이사장 및 이사들

 ※ '및'과 '와/과'의 차이: '와/과'는 앞말과 뒷말이 대등할 때 쓰이나, '및'은 앞말

이 뒷말에 비해 중심이 될 때 쓰임. 즉 'A와 B'는 'B와 A'와 그 의미가 같으나 'A 및 B'는 'B 및 A'와 그 의미가 같지 않음. '및'은 셋 이상의 개체를 연결시킬 때 쓰는 것이 일반적임.

55. '-어지다', '-어하다'의 띄어쓰기

(가) 이루어지다, 예뻐지다, 잘 만들어졌다

※ '-어지다', '-어하다'는 앞말의 품사를 바꾸는 경우가 있어 일률적으로 붙여 쓴다.

(나) 행복해하다, 애통해하다

56. 숫자 표기의 띄어쓰기: 만 단위로 띄어 씀

(가) 십이억 삼천사백오십육만 칠천팔백구십팔

※ "제 나이 이제 서른여섯이에요"에서 '서른여섯'을 '서른 여섯'으로 띄어 쓰지 않도록 주의할 것.

(나) 십만 장, 십만여 장

57. '회의중'인가, '회의 중'인가: 한 단어로 굳어진 경우가 아니면 '중(中)'을 띄어 씀

(가) 학생 중에, 꽃 중의 꽃

(나) 회의 중에는 사담을 하지 말 것 / 다리를 건설 중이다

(나)´ 지금 [중요한 회의] 중이오니 잠시만 기다려 주십시오.

※ 구 뒤에 '중'이 붙는 예

(다) 은연중, 무의식중, 한밤중

☞ 한 단어로 굳어진 말

58. '고등 학교, 그 동안, 전라 북도, 솔선 수범, 금수 강산, 태백 산맥, 의존 명사'인지?

   (가) 초등학교/고등학교, 전라북도, 태백산맥, 의존명사, 그동안

      ※ '그간, 그사이'와 동의어로 쓰이는 '그동안'은 붙여 쓴다.

   (나) 솔선수범, 시행착오, 삼고초려, 금수강산, 낙화유수, 동가홍상 〈한문에서 온 고사성어, 문구〉

   (다) 김치찌개, 제육볶음, 옥수수기름, 고춧가루 〈음식 이름, 재료명〉

   (라) 사과나무, 강장동물, 조선호박 〈동식물의 분류학상의 단위, 품종명〉

   (마) 석회질소, 염화나트륨 〈화학 물질의 이름〉

   (바) 신약성서, 경국대전; 갑오경장, 임진왜란 〈한문식의 서명, 사건명〉

59. '안되다/안 되다', '못되다/못 되다', '못하다/못 하다'의 띄어쓰기: 부정 문으로 쓰인 경우가 아니면 붙여 씀

   (가) 마음이 <u>안되다</u> / 시험에 실패했다니 참 <u>안되었다</u>. [형용사]

   (가)´ 일이 <u>안 되다</u> / 시간이 아직 <u>안 되었다</u>.

   (나) <u>못된</u> 친구 / 행동이 <u>못되다</u> / 심보가 <u>못되다</u> [형용사]

   (나)´ 외교관이 <u>못 된</u> 것을 비관하다 / 떠난 지 채 1년이 <u>못 되었다</u>.

   (다) 숙제를 <u>못하다</u> / 노래를 <u>못하다</u>

      뜻: "하긴 했는데 일정한 수준에 못 미치다". 반대말은 '잘하다'임

   (다)´ 아파서 일을 <u>못 하다</u> / 일이 있어서 숙제를 <u>못 하다</u>

   (다)˝ 형이 동생만 <u>못하다</u>; 읽지 <u>못하다</u>

      ☞ '-지 못하다' 구성

60. '만'의 띄어쓰기

(가) 이거 얼마 만인가? / 집 떠난 지 3년 4에 돌아왔다.
    ☞ "동안"의 뜻. 의존명사 ※ '오랜만에, 오랫동안'의 구별에 주의

(나) 철수만 오다 / 공부만 하다
    ☞ "한정"의 뜻. 보조사

(다) 형만 한 아우 없다 / 짐승만도 못하다 / 호랑이만 하다 / 그 사람도 키가 꼭 너만 하더라
    ☞ "그러한 정도에 이름"의 뜻. 보조사

61. '만큼'과 '뿐'의 띄어쓰기: 체언 뒤에서는 조사로 쓰이므로 붙여 씀. '대로'로 마찬가지임

(가) 저 도서관만큼 크게 지으시오. / 숙제를 해 온 학생은 철수뿐이었다. / 약속대로 되었다.〈명사 뒤〉

(나) 애쓴 만큼 얻게 되어 있다. / 허공만 응시할 뿐 아무 말이 없었다. / 바른 대로 대라.〈관형사형어미 뒤〉

62. '씨'의 띄어쓰기: 호칭어, 관직명 등은 띄어 씀

(가) 김연옥 씨, 김 씨, 김 양, 김 선생, 김 교수, 김 장군, 김 사장

(나) 우리나라에는 김씨 성이 많다.
    ※ 성씨를 가리킬 때

63. 성과 이름의 띄어쓰기: 성과 이름, 성과 호 등은 붙여 씀

(가) 김양수, 홍길동, 이퇴계, 서화담

(나) 황보관 / 황보 관, 남궁수, 남궁 수, 선우현 / 선 우현
    ☞ 성과 이름을 구별할 필요가 있을 때에 한해 띄어 쓸 수 있음

64. '데'의 띄어쓰기: 띄어 쓰는 의존명사 '데'와 붙여 쓰는 어미 'ㄴ데, ㄴ데도'를 구별해야

(가) 철수 아버지는 국회의원인데 이 점이 때로는 행동하는 데 제약이 되기도 한다. / 네가 무엇인데 그런 소릴 하니? / 비가 오는데 어딜 가니? (어미 '-ㄴ데'의 일부)

(나) 그를 설득하는 데 며칠이 걸렸다. / 여야는 초당적으로 협조한다는 데 의견을 같이했다.(의존명사 '데')

※ 이때의 '데' 뒤에는 조사 '에'가 숨어 있다고 볼 수 있다.

(다) 가까운 데다가 놓다 / 얼굴도 예쁜 데다가 마음씨도 곱다. (조사 '다가'가 붙은 예)

※ '데다가' 역시 '데에다가'의 준말로 볼 수 있다. 조사 '다가'는 조사 '에, 로' 등의 뒤에 붙지 명사 바로 뒤에 붙지 않는다.

(다)´ 비가 {오는 데도, 오는데도} (불구하고) 우산을 안 쓰고 나갔어? 비가 왔는데도 거리에 이렇게 먼지가 많다니!

※ '데' 앞에 '었는, 겠는' 형태가 올 수 있으면 이때의 '데'는 어미 '-ㄴ데'의 일부이다.

65. '바'의 띄어쓰기: 띄어 쓰는 의존명사 '바'와 붙여 쓰는 어미 'ㄴ바'를 구별해야

(가) 금강산에 가 본바 과연 절경이더군. / 선생님은 일찍이 학문에 뜻을 두셨던바 오늘 드디어 그 결실을 맺게 되었다. / 총무과에서 다음과 같이 통보하여 온바 이를 알려 드리니 업무에 참고하시기 바랍니다.

(나) 앞서 지적한 바와 같이 / 불의에 굴할 바에는 감옥에 가겠다.

66. '지'의 띄어쓰기: 띄어 쓰는 의존명사 '지'와 붙여 쓰는 어미 'ㄴ지'를 구별해야

(가) 그가 떠난 지 3년이 됐다. 〈의존명사〉

　　※ "경과한 시간"의 의미

(나) 그가 오는지 모르겠다. 〈어미 '-ㄴ지'〉

　　※ 후행 서술어가 '알다, 모르다'류로 제한됨

67. '-ㄹ 거야', '-ㄹ 테야'의 띄어쓰기: 띄어 씀

(가) 이 옷은 네 몸에 맞을 {거다, 것이다} / 이 옷은 네 몸에 맞을 거야 / ??맞을 것이야.

(나) 나도 갈 {테다, 터이다} / 회사를 그만둘 테야 / ? *그만둘 터이야.

　　※ '것', '무엇': 격식적인 상황에서 쓰임. '거', '무어': 비격식적인 상황에서 쓰임.

68. '커녕', '라고', '부터', '마는'의 띄어쓰기: 조사이므로 붙여 씀

들어가기는커녕, "알았다"라고, 하고서부터 / 친구로부터, 좋습니다마는,

69. '제(第)'의 띄어쓰기: 접두사이므로 붙여 씀

(가) {제1 장, 제1장, 제 1장}, {제3 과, 제3과, 제 3과}

(나) 제2 차 세계 대전, 제3 대 학생 회장

　　※ '제(第)-'는 한자어 수사에 붙어 차례를 나타내는 접두사인데, 접두사는 단어가 아니므로 항상 뒷말과 붙여 쓴다. 이 경우에 적지 않은 사람들이 '제 1과'처럼 띄어쓰기도 하는데 이는 길게 발음되는 '제(第)-'의 발음을 좇아 잘못 띄어 쓴 것이다. 띄어쓰기는 발음에 따라 하는 것이 아니라 단어별로 하는 것이다. 따라서 아무리 길게 발음이 되더라도 그것이 단어가 아니라면 띄어 써서는 안 된다.

　　한편 「한글 맞춤법」 제43항에서는 순서를 나타내는 경우에는 단위명사와 그 앞의

수관형사를 붙여 쓸 수 있도록 하는 규정이 있다. 따라서 위 경우는 '제1 과'로 써도 맞지만 '제1과'처럼 모두 붙여 써도 맞다.

70. '짜리, 어치'의 띄어쓰기: 접미사이므로 붙여 씀

(가) 얼마짜리, 100원어치

71. '상(上), 하(下)'의 띄어쓰기: '상'은 붙여 쓰고 '하'는 띄어 씀

(가) 영업상, 가정 형편상, 통계상의 수치, 역사상 가장 위대한 인물

　※ "위"의 뜻과 거리가 먼 '상(上)'은 접미사임

(나) 이러한 인식 하에, 단장의 인솔 하에, IMF 체제 하에서

　※ 이때의 '하'는 의존명사임.

72. '드리다', '시키다' 등의 띄어쓰기: 접미사이므로 붙여 씀

(가) 감사하다/감사드리다, 인사하다/인사드리다

　※ '-하다'의 경어형으로 쓰이는 '-드리다'는 접미사이므로 붙여 씀.

(나) 오해받다, 봉변당하다, 훈련시키다

　※ '-하다'로 끝나는 동사는 피동접사나 사동접사가 붙지 못한다. 따라서 '받다, 당하다, 시키다' 등이 붙어 피사동접사의 기능을 대신한다. 따라서 이 경우의 '받다, 당하다, 시키다'는 접사화한 것으로 보아 붙여 쓴다.

(다) 관련짓다, 결론짓다 / 문제삼다, 장난삼다 / 사고나다, 소문나다 / 정성들 이다, 공들이다

73. '녘'의 띄어쓰기

(가) 동녘, 서녘, 남녘, 북녘, 들녘, 새벽녘, 아침녘, 황혼녘

(나) 해뜰 녘, 동틀 녘

　☞ 관형사형어미 뒤에서만 띄어 씀

74. '내(內), 외(外), 초(初), 말(末), 백(白)' 등의 띄어쓰기

(가) 범위 내, 이 구역 내

(나) 예상 외, 이 계획 외에도, 전공 외의 교양 과목

(다) 20세기 초, 내년 초, 개국 초, 학기 초

(라) 90년 말, 이 달 말, 이번 학기 말쯤에 보자, 고려 말, 금년 말

　　※ '학기말 시험, 학년말 고사'처럼 굳어진 경우는 붙여 씀

(마) 주인 백, 관리소장 백

75. 보조용언의 띄어쓰기

(가) 적어 놓다/적어놓다, 도와 주다/도와주다

　　※ 본용언과 보조용언이 '-아/-어'로 연결될 때는 붙여 씀을 허용함. 다만 '-아/-어' 뒤에 오는 '지다'는 항상 앞말과 붙여 씀.

(나) 비가 올 듯하다/올듯하다, 그 일은 할 만하다/할만하다, 학자인 양하다/학자인양하다, 아는척하다/아는척하다, 일이 될 법하다/될법하다

　　※ 의존명사에 '-하다', '-싶다'가 붙어서 된 보조용언도 앞말에 붙여 씀을 허용함

76. '본(本), 귀(貴), 제(諸), 각(各), 대(對), 간(間)' 등의 띄어쓰기

(가) 본 연맹, 본 조사 기관, 본 대학에서는; 본바탕, 본부인

　　※ 본래의 뜻과 멀어져 자신과 남을 가리키는 데 쓰이는 '본'은 띄어 씀. 그러나 '본인(本人), 본고(本稿), 본회(本會)'처럼 '본(本)' 다음에 오는 말이 단어가 아닐 때에는 붙여 씀.

(가)´ 귀 회사, 귀 기관; 귀부인, 귀공자, 귀금속

　　※ 본래의 뜻과 멀어져 자신과 남을 가리키는 데 쓰이는 '귀'는 띄어 씀. 그러나 '귀사(貴社), 귀교(貴校)'처럼 '귀(貴)' 다음에 오는 말이 단어가 아닐 때에는 붙여 씀. '귀사'의 반대말은 '폐사(弊社)'.

(나) 산업자본주의 제 문제, 제 비용, 제 관계자 출입 금지

　　☞ 제군(諸君)

(다) 각 가정, 각 고을, 각 학교, 각 주(州), 각 반(班)

☞ 각처(各處), 각국(各國)

※ '제, 각'은 관형사이므로 띄어 씀.

(라) 대북한 전략, 대보스니아 전쟁, 대미국 수출

※ 뒷말을 관형어로 만드는 '대(對), 반(反), 친(親), 탈(脫)' 등은 뒷말과 붙여 씀.

※ 다만 "2 대 3, 청군 대 백군" 등의 경우는 띄어 씀

(마) 가족 간, 국가 간, 이웃 간, 서울 부산 간, 3개국 간, 두 문장 간에

☞ "사이"의 뜻

(마)´ 부부간(←부부지간), 사제간(←사제지간), 동기간, 혈육간, 남녀간, 고부간, 부녀간, 상호간, 천지간, 피차간

☞ 좌우간, 다소간, 조만간

(마)″ 사흘 간, 며칠 간, 십여 년 간, 10년 간, 한 달 간, 3년 6개월 간의 군대 생활

※ "동안"의 뜻. '간'은 의존명사이므로 (마)´처럼 굳어진 경우가 아니면 띄어 씀.

77. '이, 그, 저, 아무, 여러'와 의존명사가 결합한 말의 띄어쓰기: 다음 말 외에는 띄어 씀

(가) 이것, 그것, 저것 / 이분, 그분, 저분 / 이이, 그이, 저이 / 이자, 그자, 저자 / 이년, 그년, 저년 / 이놈, 그놈, 저놈

(나) 이쪽, 그쪽, 저쪽 / 이편, 그편, 저편 / 이곳, 그곳, 저곳 / 이때, 그때, 저때

(다) 이번, 저번 / 그동안, 그사이

(라) 아무것, 아무데 / 어느새

78. 단위를 나타내는 명사의 띄어쓰기: 순서, 연월일, 시각을 나타낼 때나 아라비아숫자 뒤에서는 붙여 씀을 허용함

(가) 금 서 돈, 집 한 채, 버선 한 죽

(가)´이백만 원, 삼십억 원

(나) 제2 과/제2과, 이십칠 대 / 이십칠대 국회 의원, (제)삼 학년 / 삼학년 〈순서〉

(나)˝두 시 삼십 분 / 두시 삼십분, 여덟 시 / 여덟시, 칠십 년 오 월 / 칠십년 오
월 〈연월일, 시각〉

※ 월명(月名)을 나타내는 경우는 한 단어이다. "사월엔 진달래가 한창이다"

(나)˝35 원 / 35원, 274 번지 / 274번지, 26 그램 / 26그램 〈아라비아숫자 뒤〉

79. 성명이 아닌 고유명사의 띄어쓰기

(가) 대한 중학교(원칙), 대한중학교(허용)

※ 고유명사는 붙여 쓸 수 있음

(나) 한국 상업 은행 재동 지점 대부계(원칙), 한국상업은행 재동지점 대부계(허용)

※ 기구나 조직을 나타내는 말은 구성 단위별로 붙여 쓸 수 있음

(다) 대통령 직속 국가 안전 보장 회의(원칙), 대통령 직속 국가안전보장회의(허용)

※ '부설(附設), 부속(附屬), 직속(直屬), 산하(傘下)' 따위는 앞뒤의 말과 띄어 씀
이 원칙이나 아래 (다)´처럼 특정 기관을 가리키는 명칭의 일부로 쓰일 때에
는 붙여 쓸 수 있음

(다)´서울 대학교 사범 대학 부속 고등 학교(원칙), 서울대학교 사범대학 부속
고등학교(허용)

80. 전문용어의 띄어쓰기: 붙여 씀을 허용함

(가) 탄소 동화 작용(원칙), 탄소동화작용(허용) / 급성 복막염(원칙), 급성복막
염(허용) / 긴급 재정 처분(緊急財政處分)[원칙] / 긴급재정처분(허용), 손
해 배상 청구(원칙) / 손해배상 청구(허용), 두 팔 들어 가슴 벌리기(원칙),
두팔들어가슴벌리기(허용)

(나) 간단한 도면 그리기, 바닷말과 물고기 기르기

※ 명사가 용언의 관형사형으로 된 관형어의 수식을 받거나 두 개 이상의 체언
이 접속조사로 연결될 때에는 붙여 쓰지 않음

(나)´ 「청소년 보호법」(원칙), 「청소년보호법」(허용) / 「국가를 당사자로 하는 계약에 관한 법률」 제11조

※ 법률명의 띄어쓰기도 (가), (나)에 준한다. 따라서 '국가를당사자로하는계약에 관한법률 제11조'처럼 붙여 쓰지 않음

81. '결제'와 '결재', '개발'과 '계발'의 구분

(가) 결제(決濟): 증권 또는 대금을 주고받아 매매 당사자 간의 거래 관계를 끝 맺는 것.

어음으로 결제하다

(가)´ 결재(決裁): 부하 직원이 제출한 안건을 허가하거나 승인하는 것.

결재를 {받다, 맡다} / 결재가 나다 / 결재 서류를 올리다

(나) 개발(開發): ① 개척하여 발전시킴. ‖ 경제 개발 / 광산을 개발하다 / 신제 품을 개발하다 ② 지능이나 정신 따위를 깨우쳐 열어 줌.

(나)´ 계발(啓發): 지능이나 정신 따위를 깨우쳐 열어 줌. ‖ 지능 계발 / 소질을 계발하다

82. '돎'인가 '돌'인가, '홀몸'인가 '홑몸'인가

(가) 돌떡, 돌잔치, 두 돌을 넘긴 아이, 우리 회사는 창립한 지 열 돌을 맞았다

(나) 홀몸: 배우자나 형제가 없는 사람.

홑몸: ① 딸린 사람이 없는 몸. ② 임신하지 않은 몸.

※ 예: "홑몸이 아니라 몸이 무겁다."

83. '나무꾼'인가 '나뭇꾼'인가: '나무꾼'이 맞음

(가) 낚시꾼, 나무꾼, 사기꾼, 소리꾼

(나) 때깔, 빛깔, 성깔, 맛깔

(다) 귀때기, 볼때기, 판자때기

(라) 자장면 곱배기(×) / 자장면 곱빼기(○)

> ※ 「한글 맞춤법」 제54항에서는 '-꾼'과 '-(ㅅ)군', '-깔'과 '-(ㅅ)갈', '-때기'와 '-(ㅅ)대기', '-꿈치'와 '-(ㅅ)굼치', '-빼기'와 '-(ㅅ)배기', '-쩍다'와 '-적다' 중에서 '-꾼, -깔, -때기, -꿈치, -빼기, -쩍다'를 표준으로 정하고 있다(아래 표 참조). 즉 된소리로 나는 위의 접미사는 된소리 글자로 적게 되어 있는 것이다. 따라서 '곱빼기'가 맞다. 다만 '언덕배기'는 '언덕바지'와 짝을 맞추기 위하여 '언덕빼기'가 아니라 '언덕배기'로 적는다(「표준어규정」 제26항에는 '언덕배기'와 '언덕바지'가 복수 표준어로 처리되어 있다).

○	×	○	×
심부름꾼	심부름군	뒤꿈치	뒷굼치
빛깔	빛갈	코빼기	콧배기
귀때기	귓대기	겸연쩍다	겸연적다

84. '끼어들기'인가 '끼여들기'인가: '끼어들기'가 맞음

{끼어들기, 끼여들기}를 하지 맙시다.

85. '허얘, 허얬다'인가, '허예, 허옜다'인가: '허예, 허옜다'가 맞음

(가) 허옇다/허예/허옜다, 누렇다/누레/누렜다

> ※ 음성모음('ㅏ, ㅗ' 이외) 뒤에서는 '에' 형

(나) 하얗다/하얘/하얬다, 노랗다/노래/노랬다

> ※ 양성모음('ㅏ, ㅗ') 뒤에서는 '애' 형

(다) 이렇다/이래/이랬다, 저렇다/저래/저랬다

> ※ 음성모음, 양성모음의 교체를 보이지 않는 '이렇다, 저렇다, 그렇다'류는 항상 '애' 형으로 적음

> ※ 새까맣다, 시꺼멓다; 샛노랗다, 싯누렇다

> 양성 모음 앞 : 새-(된소리, 거센소리 앞), 샛-(예사소리 앞)
> 음성 모음 앞 : 시-(된소리, 거센소리 앞), 싯-(예사소리 앞)

86. '가여운'인가, '가엾은'인가: 복수 표준어

(가) 부모 잃은 {가여운, 가엾은} 아이 〈가엽다/가엾다〉

(나) {서럽게, 섧게} 운다 〈서럽다/섧다〉

(다) 어디서 많이 뵌 분 같은데! / 자세한 내용은 직접 {*뵈고, 뵙고} 말씀드리겠습니다. 〈뵈다/뵙다〉

☞ 자음어미 앞에서는 '뵙다'만 쓰이고 모음어미나 매개모음어미 앞에서는 '뵈다'가 쓰임

87. '간'인가, '칸'인가: '칸'이 맞음

방 한 칸 / 중앙으로 한 칸 뛰어 악수 없다 / 다음 빈 칸을 메우시오.

88. '구절'인가, '귀절'인가: 한자 '句'는 '글귀, 귀글'을 제외하고 모두 '구'로 읽음

(가) 구절(句節), 경구(警句), 문구(文句), 시구(詩句), 어구(語句)

(나) 글귀(-句), 귀글(句-)

89. '내노라'인가, '내로라'인가: '내로라'가 맞음

내로라 하는 사람들이 모두 모였다.

90. '깨뜨리고'인가, '깨트리고'인가: 모두 맞음

깨뜨리다/깨트리다, 넘어뜨리다/넘어트리다, 무너뜨리다/무너트리다

91. '소고기'인가 '쇠고기'인가, '예'인가 '네'인가: 모두 맞음(복수 표준어)

소고기/쇠고기, 소기름/쇠기름, 예/네

92. '세째'인가, '셋째'인가: '셋째'가 맞음

둘째, <u>셋째</u>, 넷째

93. '깡총깡총'인가, '깡충깡충'인가: '깡충깡충'이 맞음

깡충깡충(〈깡총깡총), 오뚝이(〈오똑이)

94. '장고, 흥보가'인가, '장구, 흥부가'인가: '장구, 흥부가'가 맞음

(가) 장구(○) 흥부가(興夫歌)(○)

(나) 장고(杖鼓)(×), 흥보가(興甫歌)(×)

95. '-올시다'인가, '-올습니다'인가: '-올시다'가 맞음

저는 {김가올시다, 김가올습니다}.

96. '우레'인가, '우뢰'인가: '우레'가 맞음. 고유어를 한자어로 잘못 알고 쓴 예

(가) <u>우레</u>(〈울에), 천둥(〈天動)

※ 담담하다(←둠다/둠ㄱ다[沈]). '잠잠하다, 조촐하다, 쓸쓸하다. 짭짤하다'류 참조.

※ "마음이 차분히 가라앉아 있다"라는 뜻은 고유어 '담담하다'. 중요한 경기를 앞둔 사람에게 그 심경을 물었을 때 "담담합니다"라고 하는 경우. 그러나 "맛이라곤 없이 그저 담담하다"라고 말할 때의 '담담하다'는 한자어 '淡淡-'임.

(나) 우뢰(雨雷) (×)

97. '짜깁기'인가, '짜집기'인가: '짜깁기'가 맞음

짜깁기: 찢어지거나 구멍이 뚫린 부분을 실로 짜서 깁는 것.

98. 외래어 표기의 실제(밑줄 친 표기가 맞음)

file: <u>파일</u>/화일

    ※ ~[f]를 'ㅍ'으로 표기하느냐, '후'으로 표기하느냐 하는 문제. [f]를 '후'으로 표
       기하면 golf, France를 '골후, 후랑스'로, fan, coffee를 '홴, 코휘'로 표기해
       야 하는 문제가 있음.

encore: <u>앙코르</u>/앵콜/앙콜

coffee shop: <u>커피숍</u>/커피숖/커피샾

    ※ 'coffee shop이'는 [커피쇼비]로 발음하지 [커피쇼피]로 발음하지 않음.

diskette: <u>디스켓</u>/디스켙

    ※ 'diskette'이는 [디스케시]로 발음하지 [디스케티]로 발음하지 않음.

super market: <u>슈퍼마켓</u>/슈퍼마켙/수퍼마켓/수퍼마켙

juice: <u>주스</u>/쥬스

    ※ 국어에서 'ㅈ'은 구개음이므로 '주/쥬, 저/져' 등으로 구별하여 적지 않고 '주,
       저'로 통일하여 적는다(vision을 '비전'으로 적는 사실 참조). 다만 준말임을
       표기할 때에는 '져' 등의 표기를 인정함. '가지어→가져' 참조.

boat: <u>보트</u>/보우트

    ※ [ou]는 '오'로 적음. 따라서 window도 '윈도우'가 아니라 '윈도'로 적음.

Greece: <u>그리스</u>/그리이스

    ※ 국어와 마찬가지로 외국어도 장음 표기를 따로 하지 않음. team이 '티임'이
       아니라 '팀'으로 적듯이 Greece도 '그리이스'가 아니라 '그리스'로 적음.

leadership: <u>리더십</u>/리더쉽

    ※ 영어에서 어말의 [ʃ]은 '쉬'가 아니라 '시'로 적음. 그러나 프랑스어나 독일어
       에서는 어말의 [ʃ]를 '슈'로 적는다. Mensch '멘슈', manche '망슈' 참조.

interchange: <u>인터체인지</u>/인터췌인지

    ※ [ʧ], [ʤ]는 '치, 지'로 적음.

service: <u>서비스</u>/써비스

    ※ 소리대로 적는다면 '써비쓰'로 적어야 하나 이는 비경제적 표기이다.

cake: 케이크/케익/케잌

  ※ 장음이나 이중모음 뒤에서는 무성음을 받침으로 적지 않는다.

trot: 트로트/트롯

  ※ 영어에서 짧은 모음 뒤에 오는 무성음은 받침으로 적는 것이 원칙이나 관용
  이 뚜렷한 말은 관용을 존중하여 적는다. 따라서 '트로트'가 맞음.

radio: 라디오/레디오/레이디오/뢰이디오

  ※ 외래어는 국어의 일부이므로 굳어진 국어식 발음이 있는 경우는 그 발음을
  기준으로 표기한다.

Cannes: 칸/칸느/깐느

鄧小平: 덩샤오핑/등소평

  ※ 중국 인명은 과거인[신해혁명(1911) 이전에 죽은 사람]과 현대인을 구분하여
  과거인은 종전의 한자음대로 표기하고 현대인은 원칙적으로 중국어 표기법
  에 따라 표기하되 필요한 경우 한자를 병기한다.

東京: 도쿄/툐쿄/토오쿄오/동경

  ※ 중국 및 일본의 지명 가운데 한국 한자음으로 읽는 관용이 있는 것은 두 가
  지 표기를 다 인정한다. 따라서 '도쿄'와 '동경'이 모두 맞다.

(임동훈, 「한글 맞춤법과 띄어쓰기」, 국립국어원. 부분)

집필진 소개

고명철(현대문학)

김문정(현대문학)

김영건(현대문학)

김영범(현대문학)

김학현(현대문학)

유승호(현대문학)

장석원(현대문학)

전형철(현대문학)

정우신(현대문학)

정재훈(현대문학)

융합적 사고와 글쓰기

2020년 2월 19일 초판 1쇄 펴냄
2021년 7월 30일 초판 2쇄 펴냄
2022년 9월 30일 초판 3쇄 펴냄

지은이 고명철·김문정·김영건·김영범·김학현·유승호·장석원·전형철·정우신·정재훈
펴낸이 김흥국
펴낸곳 도서출판 보고사

등록 1990년 12월 13일 제6-0429호
주소 경기도 파주시 회동길 337-15 보고사
전화 031-955-9797(대표), 02-922-5120~1(편집), 02-922-2246(영업)
팩스 02-922-6990
메일 kanapub3@naver.com / bogosabooks@naver.com
http://www.bogosabooks.co.kr

ISBN 979-11-5516-968-1 03710
ⓒ 고명철·김문정·김영건·김영범·김학현·유승호·장석원·전형철·정우신·정재훈, 2020